Libri i gatimit i fundit i bllokim

100 receta të shijshme për reçel, pelte dhe konserva të bëra në shtëpi, me shije klasike dhe kombinime unike, plus këshilla të ekspertëve për zgjedhjen, përgatitjen dhe ruajtjen e frutave tuaja, perfekte për dhurata ose rezervuar qilarin tuaj

Desara Topi

Materiali për të drejtat e autorit ©2023

Të gjitha të drejtat e rezervuara

Mohim përgjegjësie

Informacioni i përmbajtur në këtë Libër ka për qëllim të shërbejë si një koleksion gjithëpërfshirës i strategjive për të cilat autori i këtij libri ka bërë kërkime. Përmbledhjet, strategjitë, këshillat dhe truket rekomandohen vetëm nga autori dhe leximi i këtij Libri nuk do të garantojë që rezultatet e dikujt do të pasqyrojnë saktësisht rezultatet e autorit. Autori i Librit ka bërë të gjitha përpjekjet e arsyeshme për të ofruar informacion aktual dhe të saktë për lexuesit e Librit. Autori dhe bashkëpunëtorët e tij nuk do të mbajnë përgjegjësi për ndonjë gabim ose lëshim të paqëllimshëm që mund të gjendet. Materiali në Libër mund të përfshijë informacion nga palët e treta. Materialet e palëve të treta përmbajnë mendime të shprehura nga pronarët e tyre. Si i tillë, autori i Librit nuk merr përsipër përgjegjësi ose përgjegjësi për ndonjë material ose opinion të palëve të treta.

TABELA E PËRMBAJTJES

TABELA E PËRMBAJTJES	2
PREZANTIMI	7
Reçelrat e KURMËS	8
1. Jelly me mollë dhe trumzë / sherebelë	9
2. Jelly mente	11
3. Xheli i ëmbël i mushtit	13
4. Jelly me piper jeshil të nxehtë	15
5. Hudhra ose pelte qepe	17
6. Reçel panxhari	19
7. Reçel me qepë	21
8. Reçel i ëmbël djegës	23
9. Reçel me piper	25
Reçelrat e konservuara	27
10. Reçel me mollë Kili	28
11. Reçel me qepë balsamike	30
12. Reçel boronicë	32
13. Reçel me mjedër	34
14. Reçel luleshtrydhe-tekile	36
15. Reçel mente-Ananas	38
16. Reçel luleshtrydhe-raven	40
17. Reçel nektarinë dhe vishnje	42
18. Reçel agave me luleshtrydhe-tekila me pak sheqer	44
19. Reçel me çokollatë-qershi	46
20. Reçel portokalli-banane	48
21. Reçel kajsi-livando	50
22. Reçel me fiku dhe dardhë	52
23. Reçel fiku, rozmarine dhe vere e kuqe	54

24. Reçel me pjepër	56
25. Reçel pjeshke-rozmarine	58
26. Reçel mjaltë-dardhë	60
27. Reçel byrek me mollë	62
28. Reçel pjeshke-burbon	64
29. Reçel "limonadë" me mjedër me pak sheqer	66
30. Reçel domate-barishte	68
31. Reçel kungull i njomë-bukë	70
32. Reçel kokrra të kuqe	72
33. Reçel mollë-kili me pak sheqer	74
34. Reçel balsamik-qepë	76
35. Reçel boronicë-limon	78
36. Reçeli i mollës	80
37. Pelte luleshtrydhe-raven	82
38. Reçel boronicë-erëza	84
39. Pelte rrushi-kumbulle	86
40. Pelte me piper të artë	88
41. Reçel pjeshke-ananas	90
42. Reçeli me mollë në frigorifer	92
43. Reçeli i rrushit në frigorifer	94
44. Jelly qershie me pektin pluhur	96
45. Reçel qershie me pektin pluhur	98
46. Reçel fiku me pektinë të lëngshme	100
47. Pelte rrushi me pektin pluhur	102
48. Reçel mente-ananas me pektin të lëngshëm	104
49. Pelte e përzier frutash me pektinë të lëngshme	106
50. Pelte portokalli	108
51. Pelte me erëza portokalli	110
52. Reçel portokalli	112

53. Konserva Kajsi-Portokalli	114
54. Reçel pjeshke me pektin pluhur	116
55. Reçel boronicë-Pjeshkë me erëza	118
56. Reçel ananasi me pektin të lëngshëm	120
57. Plum Jelly me Pektin të lëngshëm	122
58. Reçel luleshtrydhe me pektin pluhur	124
59. Bllokim Tutti-Frutti	126
60. Konserva e rrushit	128

BLLOKIMS JO PEKTINE — 130

61. Blackberry Jelly pa Pektin të shtuar	131
62. Jelly molle pa Pektin të shtuar	133
63. Reçeli i mollës pa pektin të shtuar	135
64. Pelte me ftua pa pektin të shtuar	137

Reçelrat e freskëta — 139

65. Bllokim me limonadë rozë Açaí	140
66. Reçeli i livandës me luleshtrydhe	142
67. Shurupi i dorëzonjës	144
68. Reçel raven, trëndafili dhe luleshtrydhe	146
69. Shurupi i myshkut të mollës	148
70. Salca e mollës me myshk deti	150
71. Açaí-Chia Bllokim	152

REZELIMI I NGRIRËSIT — 154

72. Reçel me ngrirje luleshtrydhe	155
73. Reçel kivi	157
74. Reçel me mjedër / rrush pa fara	159

Reçelrat TRADICIONALE — 161

75. Mollë & Xhenxhefil	162
76. Reçel kajsie	164
77. Apple & Blackberrybllokim	166

78. Reçeli i Rrushit të Zi dhe Verës Porti	168
79. Bllokim Blackberry	170
80. Reçel rrush pa fara e zezë	172
81. Reçel i konservuar me kajsi dhe ananas	174
82. Reçel vishnje	176
83. Bllokim Damson	178
84. Reçel fiku i freskët	180
85. Reçel me xhenxhefil	182
86. Reçel me patëllxhanë	184
87. Reçel kivi	186
88. Marrow & Ginger Bllokim	188
89. Reçel me fruta të përziera	190
90. Reçel pjeshke	192
91. Reçel dardhe & xhenxhefil	194
92. Reçel ananasi	196
93. Reçel kumbulle	198
94. Reçel me ftua	200
95. Bllokim Loganberry Ose Tayberry	202
96. Reçel me mjedër	204
97. Reçel me raven dhe xhenxhefil	206
98. Reçel luleshtrydhe	208
99. Reçel luleshtrydhe (e tërë)	210
100. Reçel me luleshtrydhe dhe raven	212

PËRFUNDIM — **214**

PREZANTIMI

Jeni adhurues i reçelrave dhe konservave të bëra vetë? Mos kërkoni më larg se libri i gatimit për Bllokim! Me 100 receta të këndshme nga të cilat mund të zgjidhni, do të jeni të llastuar për zgjedhjen kur bëhet fjalë për zgjedhjen e krijimit tuaj të ardhshëm të mbushur me fruta. Ja çfarë mund të prisni nga ky libër gatimi gjithëpërfshirës:

- Një gamë e gjerë kombinimesh shijesh: nga recetat klasike si luleshtrydhet dhe boronicat deri te përzierjet më unike si raven dhe trëndafilin ose dardhën dhe xhenxhefilin, ky libër gatimi ka diçka për çdo shije. Me 100 receta për të zgjedhur, nuk do t'ju mbarojë kurrë frymëzimi.

- Këshilla të ekspertëve për ruajtjen e frutave: Edhe nëse jeni fillestar në kuzhinë, ky libër gatimi e bën të lehtë fillimin me përgatitjen e reçelit. Do të gjeni këshilla të dobishme për zgjedhjen e frutave më të mira, përgatitjen e tij për konservim dhe sigurimin që reçelrat tuaja të qëndrojnë të freskëta për muajt e ardhshëm.

- E përkryer për të bërë dhurata ose për të rezervuar qilarin tuaj: Reçelrat e bëra në shtëpi bëjnë dhurata të menduara për miqtë dhe familjen, ose ato mund të përdoren për t'i shtuar ëmbëlsi tost-it tuaj të mëngjesit ose çajit të pasdites. Me 100 receta në majë të gishtave, do të keni gjithmonë në dorë një kavanoz me reçel të shijshëm sa herë që ju nevojitet.

Reçelrat e KURMËS

1. Jelly me mollë dhe trumzë / sherebelë

Bën: 5 paund

PËRBËRËSIT:
- 3 paund mollë gatimi Bramley
- 3 paund Sheqer i grimcuar
- 2 Pintë (1130 ml) Ujë
- 1 ons (30 g) trumzë/sherebelë, e copëtuar
- ½ shishe me pektin të lëngshëm

UDHËZIME:
a) Lani mollën, priteni në copa të vogla, por mos e qëroni as bërthamën.
b) Frutat i vendosim në një tigan me ujë, i mbulojmë dhe i ziejmë derisa të jenë frutat
c) është mjaft e butë për t'u bërë pure. Kullojeni frutat e grira përmes një qese pelte.
d) Hidhni sheqerin dhe 2 litra (1130 ml) lëng në një tenxhere të madhe dhe ngrohni butësisht derisa sheqeri të tretet, duke e përzier herë pas here.
e) Sillni shpejt një valë të plotë dhe ziejini shpejt për 1 minutë.
f) Hidhni pektinën e lëngshme dhe ziejini për gjysmë minutë të tjera, duke e përzier herë pas here.
g) Hidhni trumzën/sherebelën. Hiqeni nga zjarri dhe skremoni nëse është e nevojshme.
h) Tenxhere dhe mbulojeni në mënyrën e zakonshme.

2. Jelly mente

Bën: 1½ paund

PËRBËRËSIT:
- Tufë e madhe mente
- 1 kile Sheqer
- ½ Pintë uthull të bardhë
- Ngjyrosje jeshile
- 1 shishe me pektin të lëngshëm

UDHËZIME:
a) Lani mirë nenexhikun dhe ndajeni në dysh.
b) Merrni gjethet nga një tufë, shtrydhni ujin e tepërt dhe copëtoni imët. Vendosni uthullën dhe sheqerin në një tenxhere me tufën e dytë të mentes dhe përzieni në zjarr të ulët derisa sheqeri të tretet.
c) Hiqni tufën me nenexhik. Lëreni të vlojë për 1 minutë.
d) Kullojeni shurupin përmes një muslin dhe kthejeni në tenxhere.
e) Hidhni pektinën e lëngshme, lëreni të vlojë dhe ziejeni për 2 minuta. Shtoni nenexhikun e grirë dhe ngjyrosjen.
f) Lëreni të ftohet pak për të mos lejuar që nenexhiku të notojë.
g) Skroni, tenxhere dhe mbulojeni në mënyrën e zakonshme.

3. Jelly i ëmbël i mushtit

Bën: 5 paund

PËRBËRËSIT:
- 2 pintë (1130 ml) Musht i ëmbël i mollës
- 3¼ paund Sheqer
- 1 shishe me pektin të lëngshëm

UDHËZIME:
a) Hidhni mushtin dhe sheqerin në një tenxhere të madhe dhe përzieni mirë.

b) Ngroheni butësisht, duke e përzier herë pas here derisa sheqeri të tretet. Shtoni pektinën e lëngshme.

c) Lëreni të vlojë plotësisht dhe ziejini fort për 1 minutë.

d) Skroni, tenxhere dhe mbulojeni në mënyrën e zakonshme.

4. Jelly me piper jeshil të nxehtë

Bën: 7 paund

PËRBËRËSIT:
- 3 speca të mëdhenj zile – të grira dhe të prera në copa
- 5 paund (2.3 kg) Sheqer
- 24 ons (700 ml) uthull mushti
- 12 speca djegës të gjelbër – lërini farat brenda, thjesht prisni kërcellin
- 2½ ons (80 ml) Ujë 2 Shishe Pektinë të Lëngshme

UDHËZIME:
a) Likuidizoni të gjithë përbërësit përveç sheqerit dhe Pektinës së Lëngshme.
b) Vendoseni në një tenxhere të madhe, shtoni sheqerin dhe ziejini shpejt për 8 minuta.
c) Hiqeni nga zjarri, kullojeni, shtoni Pektin të lëngshëm dhe disa pika ngjyrues jeshil nëse dëshironi.
d) Përziejini mirë, hidheni në kavanoza dhe mbylleni.

5. Hudhra ose pelte qepe

Bën: 5 paund

PËRBËRËSIT:
- 3 oz (85 g) hudhër OSE Shallote të grira imët
- 3 paund Sheqer
- 24 ons (700 ml) uthull vere e bardhë
- 16 ons (450 ml) ujë ½ shishe me pektinë të lëngshme

UDHËZIME:
a) Përzieni hudhrën ose qepujt me uthull dhe ziejini butësisht, pa mbuluar, në zjarr mesatar për 15 minuta.
b) Hiqeni nga zjarri dhe hidheni në një kavanoz qelqi ose tavë të përshtatshme: mbulojeni dhe lëreni të qëndrojë në temperaturën e dhomës për 24 deri në 36 orë.
c) Hidhni uthull përmes një sitë teli në një tigan të madh, duke shtypur hudhrat ose qepujt me pjesën e pasme të një luge për të marrë sa më shumë lëngje; pastaj hidhni mbetjet.
d) Shtoni ujin dhe sheqerin.
e) Lëreni të vlojë plotësisht mbi nxehtësinë mesatare të lartë.
f) Hidhni pektinën e lëngshme dhe lëreni të vlojë, duke e përzier vazhdimisht për 1 minutë.
g) Skremoni, nëse është e nevojshme, tenxhere dhe mbulojeni.

6. Reçel panxhari

Bën: 4 kilogramë e gjysmë

PËRBËRËSIT:
- 1¾ paund (800 g) panxhar të papërpunuar (ose 1 kile të gatuar
- 2¾ paund (1.3 kg) Sheqer
- ¾ linte (425 ml) uthull
- 1 shishe me pektin të lëngshëm

UDHËZIME:
a) Nëse panxhari është i papërpunuar, ziejini, më pas hiqini nga lëkurat dhe copëtoni shumë imët.
b) Matni sheqerin dhe uthullën në një tenxhere të madhe dhe shtoni panxharin e përgatitur.
c) Përziejini mirë dhe ngroheni ngadalë, duke e përzier herë pas here, derisa sheqeri të tretet.
d) Lëreni të vlojë plotësisht dhe ziejini shpejt për 2 minuta.
e) Hiqeni nga nxehtësia dhe përzieni Pektinën e Lëngshme.
f) Përziejini dhe skremoni në mënyrë alternative për vetëm
g) 5 minuta, të ftohet pak. Tenxhere dhe mbulojeni në mënyrën e zakonshme.

7. Reçel me qepë

Bën: 2 paund reçel

PËRBËRËSIT:
- 1 paund 3 oz (600 g) qepë
- 1 paund 9 oz (700 g) Sheqer
- 1½ lugë gjelle (20 ml) vaj ulliri
- 7 oz (20 g) rrush pa fara të kuqe
- 7 oz (200 ml) uthull vere
- 2 lugë (30 ml) lëng limoni
- ¼ shishe me pektinë të lëngshme
- Erëza (¼ lugë çaji xhenxhefil dhe ¼ lugë çaji speca erëzash, ose për shije)

UDHËZIME:
a) Pritini qepën në rripa të vegjël. Ngroheni vajin dhe shtoni qepët. Mbulojeni dhe gatuajeni butësisht duke shmangur skuqjen derisa qepa të jetë transparente dhe e butë (rreth 15 - 20 minuta).
b) Shtoni rrush pa fara të kuqe, uthullën e verës dhe lëngun e limonit, ngrohni në zjarr, mbulojeni dhe ziejini derisa rrush pa fara e kuqe dhe qepët të jenë mjaft të buta (20 minuta ose sipas nevojës).
c) Shtoni sheqerin, ngrohni derisa të vlojë dhe ziejini SHPEJT për 6 minuta. Shtoni ¼ shishe me pektin të lëngshëm, hiqeni nga zjarri dhe provoni një mostër për vendosjen në një pjatë të ftohtë. Ziejeni përsëri sipas nevojës në periudha 2-3 minutash derisa një mostër të tregojë një lëkurë të caktuar pas disa minutash në pjatë.
d) Lëreni të ftohet për disa minuta, përzieni dhe vendoseni në tenxhere në mënyrën e zakonshme, duke përdorur kapakë që i rezistojnë uthullës.

8. Reçel i ëmbël djegës

Bën: 4 kavanoza

PËRBËRËSIT:
- 8 speca të kuq të pastruar dhe të prerë përafërsisht
- 10 speca djegës të kuq të copëtuar, me fara
- copë xhenxhefil të freskët sa gishti, i qëruar dhe i prerë
- 1 kile sheqer të artë
- 8 thelpinj hudhër të qëruara
- 1¾ paund (790 g) domate qershi të përgjysmuara, kërcell të prerë
- 250 ml uthull vere e kuqe
- 1 shishe me pektin të lëngshëm

UDHËZIME:
a) Hidhini të gjithë përbërësit përveç pektinit të lëngshëm në një tenxhere me fund të rëndë.

b) Lëreni të vlojë, ulni nxehtësinë dhe ziejini për 50 minuta: hiqeni nga zjarri.

c) Përdorni një mikser për të copëtuar përbërësit, vendoseni përsëri në zjarr dhe lëreni të ziejë shpejt, duke e përzier shpesh duke hequr çdo llum që formohet derisa të bëhet ngjitëse.

d) Përzieni Pektinën e lëngshme dhe ziejini për 5 minuta dhe më pas lëreni të pushojë për 5 minuta. Hidheni në kavanoza të sterilizuara. Vendosini kapakët dhe ruajini në një dollap të errët.

9. Reçel me piper

Bën: 3,5 paund Bllokim

PËRBËRËSIT:
- 6-8 speca të mesëm
- 2 ¾ paund (1,25 kg) Sheqer
- ½ linte (240 ml) uthull 1 shishe me pektinë të lëngshme

UDHËZIME:
a) Për ngjyrën më të mirë përdorni sasi të barabarta specash të ëmbël jeshil dhe të kuq. Për të përgatitur specat, pritini dhe hidhni farat më pas mishin e prisni imët.
b) Matni sheqerin dhe uthullën në një tigan të madh dhe shtoni
c) 14 oz (0,4 kg) speca të përgatitur.
d) Përziejini mirë dhe lëreni të ziejë plotësisht në zjarr të fortë. Përziejini vazhdimisht para dhe gjatë zierjes.
e) Ziejeni shpejt për 2 minuta. Hiqeni nga zjarri, përzieni Pektinën e Lëngshme.
f) Lëreni të ftohet për 5 minuta. Skremoni nëse është e nevojshme.
g) Tenxhere dhe mbulojeni në mënyrën e zakonshme.

Reçelrat e konservuara

10. Reçel me mollë Kili

Bën: 5 (½-Pint) kavanoza

PËRBËRËSIT:
- 2 mollë të mëdha, të qëruara dhe të grira
- 3 lugë gjelle lëng limoni në shishe
- 4 gota lëng molle
- 3 lugë gjelle Pektin pa sheqer
- 1 lugë gjelle chile de árbol i grimcuar, ose piper i kuq i tharë i grimcuar
- ½ filxhan mjaltë

UDHËZIME:
a) Kombinoni mollën e grirë dhe lëngun e limonit në një furrë holandeze të emaluar prej 4 litrash. Gatuani, duke e përzier vazhdimisht, për 10 minuta ose derisa molla të zbutet.

b) Përzieni lëngun e mollës, pektinën dhe chile de árbol të grimcuar. Sillni përzierjen në një valë të plotë që nuk mund të përzihet, në zjarr të fortë, duke e përzier vazhdimisht.

c) Shtoni mjaltë. Kthejeni përzierjen në një valë të plotë. Ziejini fort për 1 minutë duke e përzier vazhdimisht. Hiqeni nga zjarri. Shkumë e skremuar, nëse është e nevojshme.

d) Hidhni reçelin e nxehtë në një kavanoz të nxehtë, duke lënë ¼ inç hapësirë. Hiqni flluskat e ajrit. Fshijeni buzën e kavanozit. Kapaku qendror në kavanoz. Aplikojeni shiritin dhe rregullojeni në mënyrë të shtrënguar në majë të gishtave. Vendoseni kavanozin në një enë me ujë të valë. Përsëriteni derisa të mbushen të gjitha kavanozët.

e) Përpunoni kavanozët për 10 minuta, duke i përshtatur për lartësinë. Fikni nxehtësinë; hiqeni kapakun dhe lërini kavanozët të qëndrojnë për 5 minuta. Hiqni kavanozët dhe ftohuni.

11. Reçel balsamik me qepë

Bën: 5 (½-Pint) kavanoza

PËRBËRËSIT:
- 2 kg qepë, të prera në kubikë
- ½ filxhan uthull balsamike
- ½ filxhan shurup panje
- 2 lugë çaji piper të bardhë të bluar
- 1 gjethe dafine
- 2 gota lëng molle
- 3 lugë gjelle Pektin pa sheqer
- ½ filxhan mjaltë

UDHËZIME:
a) Kombinoni 6 përbërësit e parë në një furrë holandeze prej 6 litrash inoksi ose të emaluar. Ziejini në nxehtësi mesatare për 15 minuta ose derisa qepët të jenë të tejdukshme, duke i trazuar herë pas here.
b) Përzieni lëngun e mollës dhe pektinën. Sillni përzierjen në një valë të plotë që nuk mund të përzihet, në zjarr të fortë, duke e përzier vazhdimisht.
c) Shtoni mjaltin, duke e trazuar për t'u tretur. Kthejeni përzierjen në një valë të plotë. Ziejini fort për 1 minutë duke e përzier vazhdimisht. Hiqeni nga zjarri. Hiqni dhe hidhni gjethen e dafinës. Shkumë e skremuar, nëse është e nevojshme.
d) Hidhni reçelin e nxehtë në një kavanoz të nxehtë, duke lënë ¼ inç hapësirë. Hiqni flluskat e ajrit. Fshijeni buzën e kavanozit. Kapaku qendror në kavanoz. Aplikojeni shiritin dhe rregullojeni në mënyrë të shtrënguar në majë të gishtave. Vendoseni kavanozin në një enë me ujë të valë. Përsëriteni derisa të mbushen të gjitha kavanozët.
e) Përpunoni kavanozët për 15 minuta, duke i përshtatur për lartësinë. Fikni nxehtësinë; hiqeni kapakun dhe lërini kavanozët të qëndrojnë për 5 minuta. Hiqni kavanozët dhe ftohuni.

12. Reçel boronicë

Bën: 9 gjysmë pine

PËRBËRËSIT:
- 8 gota boronica të freskëta
- 6 gota mjaltë
- 3 lugë lëng limoni
- 2 lugë çaji kanellë të bluar
- 2 lugë çaji lëvore limoni të grirë
- ½ lugë çaji arrëmyshk i bluar
- 6 ons pektinë frutash të lëngshme pa sheqer

UDHËZIME:
a) Vendosni boronica në një përpunues ushqimi; mbulojeni dhe pulsoni derisa të përzihet pothuajse plotësisht.
b) Transferoni në një tenxhere. Përzieni mjaltin, lëngun e limonit, kanellën, lëkurën e limonit dhe arrëmyshkun. Sillni një valë të plotë në nxehtësi të lartë, duke e përzier vazhdimisht. Përzieni pektinën.
c) Ziejini për 1 minutë duke e përzier vazhdimisht.
d) Hiqeni nga zjarri; hiqni shkumën. Hidheni përzierjen e nxehtë në kavanoza të sterilizuara të nxehta gjysmë pinte, duke lënë ¼ inç hapësirë për kokë.
e) Hiqni flluskat e ajrit; fshijini buzët dhe rregulloni kapakët. Procedoni për 10 minuta në një enë me ujë të valë.

13. Reçel me mjedër

Bën: 6gjysëm pinte

PËRBËRËSIT:
- 3½ £ mjedra të freskëta, të grimcuara
- ½ filxhan lëng limoni të freskët
- 4 lugë gjelle Pektin pa sheqer
- 1½ filxhan mjaltë

UDHËZIME:
a) Vendosni mjedrat në një furrë holandeze.
b) Përzieni lëngun e limonit dhe pektinën. Ziejeni përzierjen.
c) Përziej, zemër. Ngroheni edhe 1 minutë.
d) Mbushni në një kavanoz të nxehtë, duke lënë ¼ inç hapësirë. Lëshoni flluskat e ajrit dhe vendosni kapakun në qendër.
e) Aplikoni shiritin dhe bëjeni të rehatshëm.
f) Vendoseni kavanozin në një enë me ujë të valë.
g) Procedoni për 10 minuta, duke llogaritur lartësinë.
h) Hiqni kavanozët dhe ftohuni.

14. Reçel luleshtrydhe-tekile

Bën: 4 gjysmë pine

PËRBËRËSIT:
- 5 gota luleshtrydhe të freskëta të copëtuara, të grimcuara
- ½ filxhan tequila
- 5 lugë gjelle Pektin pa sheqer
- 1 filxhan shurup agave

UDHËZIME:
a) Kombinoni luleshtrydhet dhe tekilën në një furrë holandeze.
b) Përzieni pektinën.
c) Ziejeni përzierjen.
d) Përzieni shurupin agave. Ngroheni edhe 1 minutë.
e) Mbushni në një kavanoz të nxehtë, duke lënë ¼ inç hapësirë. Lëshoni flluskat e ajrit dhe vendosni kapakun në qendër. Aplikoni shiritin dhe bëjeni të rehatshëm. Vendoseni kavanozin në konservë me ujë të valë.
f) Procedoni për 10 minuta, duke llogaritur lartësinë.
g) Hiqni kavanozët dhe ftohuni.

15. Nenexhik-Reçel ananasi

Bën: 10 kavanoza gjysmë litër

PËRBËRËSIT:
- Një kanaçe 20 ons me ananas të grimcuar
- ¾ filxhan ujë
- ¼ filxhan lëng limoni
- 7 ½ gota mjaltë
- 10 lugë gjelle Pektin pa sheqer
- ½ lugë çaji ekstrakt menteje
- Disa pika ngjyrosje jeshile

UDHËZIME:
a) Vendosni ananasin e grimcuar në një kazan. Shtoni ujë, lëng limoni dhe mjaltë. I trazojmë mirë.

b) E vendosim në zjarr të fortë dhe e përziejmë vazhdimisht, e vendosim të ziejë plotësisht me flluska në të gjithë sipërfaqen.

c) Ziejini fort për 1 minutë duke e përzier vazhdimisht.

d) Hiqeni nga nxehtësia; shtoni pektin, ekstrakt shije dhe ngjyrosje. I skremuar.

e) Hidheni menjëherë në kavanoza konservimi të nxehta, sterile, duke lënë ¼ inç hapësirë.

f) Mbyllni dhe përpunoni për 5 minuta në një banjë me ujë të valë.

16. Reçel luleshtrydhe-raven

Prodhimet: RRETH 6 (½-PT./250-ML) kavanoza

PËRBËRËSIT:
- 4½ filxhanë (1.1 L) ¼ inç (.5 cm) të trashë raven të freskët të prerë
- ½ filxhan (125 mL) lëng portokalli të freskët (rreth 2 deri në 3 portokall të mëdhenj)
- 4 gota luleshtrydhe të freskëta të pjekura
- 5 gota (1,25 L) sheqer
- 1 qese (3-uns/88,5-mL) Pektinë e lëngshme

UDHËZIME:

a) Kombinoni lëngun e ravenit dhe portokallit në një tenxhere inox prej 3 litrash (3 litrash). Mbulojeni dhe lëreni të vlojë mbi nxehtësinë mesatare-të lartë. Zbulojeni, ulni nxehtësinë dhe ziejini, duke e përzier shpesh, 5 minuta ose derisa raven të zbutet.

b) Lani luleshtrydhet; hiqni dhe hidhni kërcell dhe byk. Thërrmoni luleshtrydhet me një makinë pure patate derisa të shtypen në mënyrë të barabartë.

c) Matni 2 gota raven të gatuar dhe 1¾ filxhan (425 mL) luleshtrydhe të grira në një furrë holandeze prej 6 litrash çelik inoks ose të emaluar. Përzieni sheqerin. Sillni përzierjen në një valë të plotë që nuk mund të përzihet, në zjarr të lartë, duke e përzier shpesh.

d) Shtoni pektinën, duke shtrydhur menjëherë të gjithë përmbajtjen nga qesja. Vazhdoni zierjen e fortë për 1 minutë, duke e përzier vazhdimisht. Hiqeni nga zjarri. Shkumë e skremuar, nëse është e nevojshme.

e) Hidhni reçelin e nxehtë në një kavanoz të nxehtë, duke lënë hapësirë ¼ inç (0,5 cm). Hiqni flluskat e ajrit. Fshijeni buzën e kavanozit. Kapaku qendror në kavanoz. Aplikoni shiritin dhe rregullojeni në mënyrë të shtrënguar në majë të gishtave. Vendoseni kavanozin në enë me ujë të valë. Përsëriteni derisa të mbushen të gjitha kavanozët.

f) Përpunoni kavanozët për 10 minuta, duke i përshtatur për lartësinë. Fikni nxehtësinë; hiqeni kapakun dhe lërini kavanozët të qëndrojnë për 5 minuta. Hiqni kavanozët dhe ftohuni.

17. Reçel nektarinë dhe vishnje

Prodhimet: RRETH 7 (½-PT./250-ML) kavanoza

PËRBËRËSIT:
- 1½ paund (750 gr) nektarina, pa kore dhe të prera imët
- 2 filxhanë qershi të grira pa koriza
- 6 lugë gjelle Pektin klasik
- 2 lugë lëng limoni në shishe
- 6 gota (1,5 L) sheqer

UDHËZIME:
a) Kombinoni 4 përbërësit e parë në një furrë holandeze prej 4 litrash (4 litrash) inox ose të emaluar. Sillni përzierjen në një valë të plotë që nuk mund të përzihet, në zjarr të fortë, duke e përzier vazhdimisht.

b) Shtoni sheqerin, duke e trazuar për t'u tretur. Kthejeni përzierjen në një valë të plotë. Ziejini fort 1 minutë, duke e përzier vazhdimisht. Hiqeni nga zjarri. Shkumë e skremuar, nëse është e nevojshme.

c) Hidhni reçelin e nxehtë në një kavanoz të nxehtë, duke lënë hapësirë ¼ inç (0,5 cm). Hiqni flluskat e ajrit. Fshijeni buzën e kavanozit. Kapaku qendror në kavanoz. Aplikoni shiritin dhe rregullojeni në mënyrë të shtrënguar në majë të gishtave. Vendoseni kavanozin në enë me ujë të valë. Përsëriteni derisa të mbushen të gjitha kavanozët.

d) Përpunoni kavanozët për 10 minuta, duke i përshtatur për lartësinë. Fikni nxehtësinë; hiqeni kapakun dhe lërini kavanozët të qëndrojnë për 5 minuta. Hiqni kavanozët dhe ftohuni.

18. Reçel agave me luleshtrydhe-tequila me pak sheqer

Përbërja: RRETH 4 (½-PT./250 ML) kavanoza

PËRBËRËSIT:
- 5 gota (1,25 L) luleshtrydhe të freskëta të copëtuara
- ½ filxhan (125 ml) tequila
- 5 lugë gjelle (75 ml) Pektinë me pak ose pa sheqer
- 1 filxhan (250 mL) shurup agave

UDHËZIME:
a) Kombinoni 2 përbërësit e parë në një furrë holandeze prej 4 litrash (4 litrash) inox ose të emaluar. Thërrmoni manaferrat me një matës patate.

b) Përzieni pektinën. Sillni përzierjen në një valë të plotë që nuk mund të përzihet, në zjarr të fortë, duke e përzier vazhdimisht.

c) Përzieni shurupin agave. Kthejeni përzierjen në një valë të plotë. Ziejini fort 1 minutë, duke e përzier vazhdimisht. Hiqeni nga zjarri. Shkumë e skremuar, nëse është e nevojshme.

d) Hidhni reçelin e nxehtë në një kavanoz të nxehtë, duke lënë hapësirë ¼ inç (0,5 cm). Hiqni flluskat e ajrit. Fshijeni buzën e kavanozit. Kapaku qendror në kavanoz. Aplikoni shiritin dhe rregullojeni në mënyrë të shtrënguar në majë të gishtave. Vendoseni kavanozin në enë me ujë të valë. Përsëriteni derisa të mbushen të gjitha kavanozët.

e) Përpunoni kavanozët për 10 minuta, duke i përshtatur për lartësinë. Fikni nxehtësinë; hiqeni kapakun dhe lërini kavanozët të qëndrojnë për 5 minuta. Hiqni kavanozët dhe ftohuni.

19. Reçel çokollatë-qershi

Prodhimet: RRETH 6 (½-PT./250-ML) kavanoza

PËRBËRËSIT:

- 6 filxhanë (1,5 L) qershi të errëta, të ëmbla, të freskëta ose të ngrira, të grira në mënyrë të trashë
- 6 lugë gjelle Pektin klasik
- ¼ filxhan (60 ml) lëng limoni në shishe
- 6 gota (1,5 L) sheqer
- ⅔ filxhan (150 mL) kakao pa sheqer

UDHËZIME:

a) Kombinoni 3 përbërësit e parë në një furrë holandeze prej 4 litrash (4 litrash) inoks ose të emaluar. Sillni përzierjen në një valë të plotë që nuk mund të përzihet, në zjarr të fortë, duke e përzier vazhdimisht.

b) Ndërkohë, përzieni së bashku sheqerin dhe kakaon derisa të përzihen; shtoni të gjitha përnjëherë në përzierjen e qershive të ziera. Kthejeni përzierjen në një valë të plotë. Ziejini fort 1 minutë, duke e përzier vazhdimisht. Hiqeni nga zjarri. Shkumë e skremuar, nëse është e nevojshme.

c) Hidhni reçelin e nxehtë në një kavanoz të nxehtë, duke lënë hapësirë ¼ inç (0,5 cm). Hiqni flluskat e ajrit. Fshijeni buzën e kavanozit. Kapaku qendror në kavanoz. Aplikoni shiritin dhe rregullojeni në mënyrë të shtrënguar në majë të gishtave. Vendoseni kavanozin në enë me ujë të valë. Përsëriteni derisa të mbushen të gjitha kavanozët.

d) Përpunoni kavanozët për 10 minuta, duke i përshtatur për lartësinë. Fikni nxehtësinë; hiqeni kapakun dhe lërini kavanozët të qëndrojnë për 5 minuta. Hiqni kavanozët dhe ftohuni.

20. Reçel portokalli-banane

Bën: RRETH 5 (½-PT./250-ML) kavanoza

PËRBËRËSIT:

- 2 gota lëng portokalli të freskët me tul (rreth 8 portokall)
- 1 filxhan (250 ml) mjaltë
- 3 lugë gjelle (45 mL) lëng limoni në shishe
- 2 paund (1 kg) banane shumë të pjekura, të qëruara dhe të prera
- 1 fasule vanilje, e ndarë

UDHËZIME:

a) Kombinoni 4 përbërësit e parë në një furrë holandeze prej 4 litrash (4 litrash) inox ose të emaluar. Pritini farat nga fasulja e vaniljes; shtoni në përzierjen e bananeve. Gatuani, duke e përzier shpesh, mbi nxehtësinë mesatare për rreth 25 minuta deri në pikën e xhelit.

b) Hidhni reçelin e nxehtë në një kavanoz të nxehtë, duke lënë hapësirë ¼ inç (0,5 cm). Hiqni flluskat e ajrit. Fshijeni buzën e kavanozit. Kapaku qendror në kavanoz. Aplikoni shiritin dhe rregullojeni në mënyrë të shtrënguar në majë të gishtave. Vendoseni kavanozin në enë me ujë të valë. Përsëriteni derisa të mbushen të gjitha kavanozët.

c) Përpunoni kavanozët për 15 minuta, duke i përshtatur për lartësinë. Fikni nxehtësinë; hiqeni kapakun dhe lërini kavanozët të qëndrojnë për 5 minuta. Hiqni kavanozët dhe ftohuni.

21. Reçel kajsi-livando

Prodhimet: RRETH 6 (½-PT./250-ML) kavanoza

PËRBËRËSIT:
- 4 lugë çaji (20 mL) sytha livando të thara
- Veshje djathi
- Varg kuzhine
- 3 paund kajsi, pa patur dhe të copëtuara (rreth 6 filxhanë/1,5 L)
- 4 gota sheqer
- 3 lugë gjelle (45 mL) lëng limoni në shishe

UDHËZIME:
a) Vendosni sythat e livandës në një katror 4 inç (10 cm) napë; kravatë me fije kuzhine.
b) Vendosni kajsitë në një tas të madh; pure me një pure patate derisa të grimcuar. Përzieni sheqerin dhe lëngun e limonit; shtoni qesen me napë, duke e trazuar derisa të njomet. Mbulojeni dhe ftohuni për 4 orë ose gjatë natës.
c) Hidheni përzierjen e kajsisë në një furrë holandeze të smaltuar prej 6 litrash çeliku inox. Lëreni të vlojë mbi nxehtësinë mesatare, duke e përzier derisa sheqeri të tretet. Rritni nxehtësinë në mesatare-të lartë. Gatuani, duke e përzier vazhdimisht, 45 minuta ose derisa përzierja të trashet dhe një termometër karamele regjistron 220°F (104°C). Hiqeni nga zjarri. Hiqeni dhe hidhni qesen me napë.
d) Hidhni reçelin e nxehtë në një kavanoz të nxehtë, duke lënë hapësirë ¼ inç (0,5 cm). Hiqni flluskat e ajrit. Fshijeni buzën e kavanozit. Kapaku qendror në kavanoz. Aplikoni shiritin dhe rregullojeni në mënyrë të shtrënguar në majë të gishtave. Vendoseni kavanozin në enë me ujë të valë. Përsëriteni derisa të mbushen të gjitha kavanozët.
e) Përpunoni kavanozët për 10 minuta, duke i përshtatur për lartësinë. Fikni nxehtësinë; hiqeni kapakun dhe lërini kavanozët të qëndrojnë për 5 minuta. Hiqni kavanozët dhe ftohuni.

22. Reçel me fiku dhe dardhë

Përbërja: RRETH 4 (½-PT./250 ML) kavanoza

PËRBËRËSIT:
- 2 gota (250 mL) dardha të copëtuara
- 2 gota (250 mL) fiq të freskët të copëtuar
- 4 lugë gjelle (60 mL) Pektin klasik
- 2 lugë lëng limoni në shishe
- 1 lugë gjelle (15 ml) ujë
- 3 gota (750 ml) sheqer

UDHËZIME:
a) Kombinoni të gjithë përbërësit, përveç sheqerit, në një furrë holandeze prej 4 litrash (4-L) inoks ose të emaluar. Sillni përzierjen në një valë të plotë që nuk mund të përzihet, në zjarr të fortë, duke e përzier vazhdimisht.

b) Shtoni sheqerin, duke e trazuar për t'u tretur. Kthejeni përzierjen në një valë të plotë. Ziejini fort 1 minutë, duke e përzier vazhdimisht. Hiqeni nga zjarri. Shkumë e skremuar, nëse është e nevojshme.

c) Hidhni reçelin e nxehtë në një kavanoz të nxehtë, duke lënë hapësirë ¼ inç (0,5 cm). Fshijeni buzën e kavanozit. Kapaku qendror në kavanoz. Aplikoni shiritin dhe rregullojeni në mënyrë të shtrënguar në majë të gishtave. Vendoseni kavanozin në enë me ujë të valë. Përsëriteni derisa të mbushen të gjitha kavanozët.

d) Përpunoni kavanozët për 10 minuta, duke i përshtatur për lartësinë. Fikni nxehtësinë; hiqeni kapakun dhe lërini kavanozët të qëndrojnë për 5 minuta. Hiqni kavanozët dhe ftohuni.

23. Reçel fiku, rozmarine dhe vere e kuqe

Prodhimet: RRETH 4 (½-PT./250-ML) kavanoza

PËRBËRËSIT:
- 1½ filxhan (375 mL) Merlot ose verë të kuqe me fruta
- 2 lugë gjelle gjethe rozmarine të freskëta
- 2 gota fiq të freskët të grirë hollë
- 3 lugë gjelle (45 mL) Pektin klasik
- 2 lugë lëng limoni në shishe
- 2½ gota (625 ml) sheqer

UDHËZIME:
a) Sillni verën dhe rozmarinën të ziejnë në një tenxhere të vogël inox ose të emaluar. Fikni nxehtësinë; mbulojeni dhe ziejini 30 minuta.

b) Hidheni verën përmes një sitë të hollë me rrjetë teli në një tenxhere inox prej 4 litrash (4 litrash) ose të emaluar. Hidhni rozmarinën. Përzieni fiqtë, pektinën dhe lëngun e limonit. Sillni përzierjen në një valë të plotë që nuk mund të përzihet, në zjarr të fortë, duke e përzier vazhdimisht.

c) Shtoni sheqerin, duke e trazuar për t'u tretur. Kthejeni përzierjen në një valë të plotë. Ziejini fort 1 minutë, duke e përzier vazhdimisht. Hiqeni nga zjarri. Shkumë e skremuar, nëse është e nevojshme.

d) Hidhni reçelin e nxehtë në një kavanoz të nxehtë, duke lënë hapësirë ¼ inç (0,5 cm). Hiqni flluskat e ajrit. Fshijeni buzën e kavanozit. Kapaku qendror në kavanoz. Aplikoni shiritin dhe rregullojeni në mënyrë të shtrënguar në majë të gishtave. Vendoseni kavanozin në enë me ujë të valë. Përsëriteni derisa të mbushen të gjitha kavanozët.

e) Përpunoni kavanozët për 10 minuta, duke i përshtatur për lartësinë. Fikni nxehtësinë; hiqeni kapakun dhe lërini kavanozët të qëndrojnë për 5 minuta. Hiqni kavanozët dhe ftohuni.

24. Reçel me pjepër

Bën: RRETH 5 (½-PT./250-ML) kavanoza

PËRBËRËSIT:

- 14 gota (3,5 L) pjepër 1 inç (1 cm) ose kube të tjera pjepri me mish portokalli (rreth 2 pjepër të mëdhenj)
- ¼ filxhan (60 mL) kripë kosher
- 4 gota sheqer
- ¾ filxhan (175 ml) lëng limoni në shishe
- 1 lugë gjelle (15 mL) piper rozë të grimcuar (opsionale)

UDHËZIME:

a) Hidhni së bashku pjepërin dhe kripën në një tas të madh. Mbulojeni dhe lëreni të qëndrojë 2 orë. Kullohet; shpëlajeni me ujë të ftohtë. Kullojeni.

b) Përziejini së bashku pjepërin, sheqerin dhe lëngun e limonit në një furrë holandeze të smaltuar prej 6 litrash. Lëreni të vlojë; zvogëloni nxehtësinë dhe ziejini, pa mbuluar, 20 minuta ose derisa pjepri të jetë i butë. Pureni copat e pjepit me një matës patate. Ziej, pa mbuluar, duke e përzier shpesh, rreth 1 orë deri në pikën e xhelit. (Pjepri lëshon shumë ujë, kështu që koha e gatimit mund të ndryshojë.) Shkuma e skremuar, nëse është e nevojshme, dhe, nëse dëshironi, përzieni kokrrat e piperit.

c) Hidhni reçelin e nxehtë në një kavanoz të nxehtë, duke lënë hapësirë ¼ inç (0,5 cm). Hiqni flluskat e ajrit. Fshijeni buzën e kavanozit. Kapaku qendror në kavanoz. Aplikoni shiritin dhe rregullojeni në mënyrë të shtrënguar në majë të gishtave. Vendoseni kavanozin në enë me ujë të valë. Përsëriteni derisa të mbushen të gjitha kavanozët.

d) Përpunoni kavanozët për 15 minuta, duke i përshtatur për lartësinë. Fikni nxehtësinë; hiqeni kapakun dhe lërini kavanozët të qëndrojnë për 5 minuta. Hiqni kavanozët dhe ftohuni.

25. Reçel pjeshke-rozmarine

Prodhimet: RRETH 6 (½-PT./250 ML) kavanoza

PËRBËRËSIT:
- 2½ paund (1,25 kg) pjeshkë të freskëta (5 të mëdha)
- 1 lugë çaji lëvore lime
- 6 lugë gjelle Pektin klasik
- ¼ filxhan (60 mL) lëng limoni i freskët (rreth 3 lime)
- 2 degë rozmarine (4 inç/10 cm).
- 5 gota (1,25 L) sheqer

UDHËZIME:
a) Qëroni pjeshkët me një qëruese perimesh. Hiqni gropat dhe grijini trashë. Pureeni me një makinë pure patate derisa të shtypen në mënyrë të barabartë. Matni 4 gota pjeshkë të grimcuara në një furrë holandeze prej 6 litrash çelik inoks ose të emaluar. Hidhni lëkurën e limonit dhe 3 përbërësit e ardhshëm.

b) Sillni përzierjen në një valë të plotë që nuk mund të përzihet, në zjarr të fortë, duke e përzier vazhdimisht. Ziejeni 1 minutë, duke e përzier vazhdimisht.

c) Shtoni sheqerin, duke e trazuar për t'u tretur. Kthejeni përzierjen në një valë të plotë. Ziejini fort 1 minutë, duke e përzier vazhdimisht. Hiqeni nga zjarri. Hiqeni dhe hidhni rozmarinën. Shkumë e skremuar, nëse është e nevojshme.

d) Hidhni reçelin e nxehtë në një kavanoz të nxehtë, duke lënë hapësirë ¼ inç (0,5 cm). Hiqni flluskat e ajrit. Fshijeni buzën e kavanozit. Kapaku qendror në kavanoz. Aplikoni shiritin dhe rregullojeni në mënyrë të shtrënguar në majë të gishtave. Vendoseni kavanozin në enë me ujë të valë. Përsëriteni derisa të mbushen të gjitha kavanozët.

e) Përpunoni kavanozët për 10 minuta, duke i përshtatur për lartësinë. Fikni nxehtësinë; hiqeni kapakun dhe lërini kavanozët të qëndrojnë për 5 minuta. Hiqni kavanozët dhe ftohuni.

26. Reçel mjaltë-dardhë

Bën: RRETH 5 (½-PT./250-ML) kavanoza

PËRBËRËSIT:
- 3¼ £ dardha të forta dhe të pjekura
- ½ filxhan (125 ml) lëng molle
- 1 lugë gjelle (15 ml) lëng limoni në shishe
- ½ lugë çaji (2.5 ml) kanellë të bluar
- 1 copë xhenxhefil i freskët, i qëruar dhe i grirë hollë
- 6 lugë gjelle Pektin me pak ose pa sheqer
- ½ filxhan (125 ml) mjaltë

UDHËZIME:
a) Kombinoni 5 përbërësit e parë në një furrë holandeze të smaltuar prej 6 litrash prej çeliku inoks. Gatuani, pa mbuluar, mbi nxehtësinë mesatare për 15 minuta ose derisa dardha të zbutet, duke e përzier herë pas here. Pureni pak përzierjen e dardhës me një pure patatesh, duke i copëtuar copa të mëdha.

b) Përzieni pektinën. Sillni përzierjen në një valë të plotë që nuk mund të përzihet, në zjarr të fortë, duke e përzier vazhdimisht.

c) Përzieni mjaltin. Kthejeni përzierjen në një valë të plotë. Ziejini fort 1 minutë, duke e përzier vazhdimisht. Hiqeni nga zjarri. Shkumë e skremuar, nëse është e nevojshme.

d) Hidhni reçelin e nxehtë në një kavanoz të nxehtë, duke lënë hapësirë ¼ inç (0,5 cm). Hiqni flluskat e ajrit. Fshijeni buzën e kavanozit. Kapaku qendror në kavanoz. Aplikoni shiritin dhe rregullojeni në mënyrë të shtrënguar në majë të gishtave. Vendoseni kavanozin në enë me ujë të valë. Përsëriteni derisa të mbushen të gjitha kavanozët.

e) Përpunoni kavanozët për 10 minuta, duke i përshtatur për lartësinë. Fikni nxehtësinë; hiqeni kapakun dhe lërini kavanozët të qëndrojnë për 5 minuta. Hiqni kavanozët dhe ftohuni.

27. Reçel byreku me mollë

Bën: RRETH 5 (½-PT./250-ML) kavanoza

PËRBËRËSIT:

- 6 gota (1,5 L) mollë Granny Smith të qëruar në kubikë (rreth 6 mollë)
- 2 gota lëng molle ose musht molle
- 2 lugë lëng limoni në shishe
- 3 lugë gjelle (45 mL) Pektin klasik
- 1 lugë çaji kanellë të bluar
- ½ lugë çaji (2 mL) speca e grirë
- ¼ lugë çaji (1 mL) arrëmyshk i bluar
- 2 gota sheqer

UDHËZIME:

a) Lërini 3 përbërësit e parë të ziejnë në një furrë holandeze prej 6 litrash inoksi ose të emaluar; zvogëloni nxehtësinë dhe ziejini, pa mbuluar, 10 minuta ose derisa molla të jetë e butë, duke e përzier herë pas here.

b) Hidhni pektinën dhe 3 përbërësit e tjerë. Sillni përzierjen në një valë të plotë që nuk mund të përzihet, në zjarr të fortë, duke e përzier vazhdimisht.

c) Shtoni sheqerin, duke e trazuar për t'u tretur. Kthejeni përzierjen në një valë të plotë. Ziejini fort 1 minutë, duke e përzier vazhdimisht. Hiqeni nga zjarri. Shkumë e skremuar, nëse është e nevojshme.

d) Hidhni reçelin e nxehtë në një kavanoz të nxehtë, duke lënë hapësirë ¼ inç (0,5 cm). Hiqni flluskat e ajrit. Fshijeni buzën e kavanozit. Kapaku qendror në kavanoz. Aplikoni shiritin dhe rregullojeni në mënyrë të shtrënguar në majë të gishtave. Vendoseni kavanozin në enë me ujë të valë. Përsëriteni derisa të mbushen të gjitha kavanozët.

e) Përpunoni kavanozët për 10 minuta, duke i përshtatur për lartësinë. Fikni nxehtësinë; hiqeni kapakun dhe lërini kavanozët të qëndrojnë për 5 minuta. Hiqni kavanozët dhe ftohuni.

28. Reçel pjeshke-burbon

Prodhimet: RRETH 6 (½-PT./250-ML) kavanoza

PËRBËRËSIT:
- 4 lb (2 kg) pjeshkë të freskëta, të qëruara
- 6 lugë gjelle Pektin klasik
- ¼ filxhan (60 ml) lëng limoni në shishe
- ¼ filxhan (60 ml) burbon
- 2 lugë gjelle xhenxhefil të kristalizuar të grirë imët
- 7 gota (1,75 L) sheqer

UDHËZIME:
a) Pritini dhe grini pjeshkët në mënyrë të trashë. Matni 4½ filxhanë (1,1 L) pjeshkë të copëtuara në një furrë holandeze prej 6 litrash inoksi ose të emaluar dhe grijini me një matës patate derisa të shtypen në mënyrë të barabartë. Përzieni pektinën dhe 3 përbërësit e ardhshëm.

b) Sillni përzierjen në një valë të plotë që nuk mund të përzihet, në zjarr të fortë, duke e përzier vazhdimisht.

c) Shtoni sheqerin, duke e trazuar për t'u tretur. Kthejeni përzierjen në një valë të plotë. Ziejini fort 1 minutë, duke e përzier vazhdimisht. Hiqeni nga zjarri. Shkumë e skremuar, nëse është e nevojshme.

d) Hidhni reçelin e nxehtë në një kavanoz të nxehtë, duke lënë hapësirë ¼ inç (0,5 cm). Hiqni flluskat e ajrit. Fshijeni buzën e kavanozit. Kapaku qendror në kavanoz. Aplikoni shiritin dhe rregullojeni në mënyrë të shtrënguar në majë të gishtave. Vendoseni kavanozin në enë me ujë të valë. Përsëriteni derisa të mbushen të gjitha kavanozët.

e) Përpunoni kavanozët për 10 minuta, duke i përshtatur për lartësinë. Fikni nxehtësinë; hiqeni kapakun dhe lërini kavanozët të qëndrojnë për 5 minuta. Hiqni kavanozët dhe ftohuni.

29. Reçel "limonadë" me mjedër me pak sheqer

Prodhimet: RRETH 6 (½-PT./250-ML) kavanoza

PËRBËRËSIT:
- 3½ paund (1,6 kg) mjedra të freskëta
- ½ filxhan (125 mL) lëng limoni të freskët (rreth 5 limonë)
- 4 lugë gjelle (60 ml) Pektinë me pak ose pa sheqer
- 1½ filxhan (375 ml) mjaltë

UDHËZIME:
a) Vendosini mjedrat në një furrë holandeze të smaltuar prej 6 litrash prej çeliku inoks. Thërrmoni mjedrat me një pure patate.

b) Përzieni lëngun e limonit dhe pektinën. Sillni përzierjen në një valë të plotë që nuk mund të përzihet, në zjarr të fortë, duke e përzier vazhdimisht.

c) Përzieni mjaltin. Kthejeni përzierjen në një valë të plotë. Ziejini fort 1 minutë, duke e përzier vazhdimisht. Hiqeni nga zjarri. Shkumë e skremuar, nëse është e nevojshme.

d) Hidhni reçelin e nxehtë në një kavanoz të nxehtë, duke lënë hapësirë ¼ inç (0,5 ml). Hiqni flluskat e ajrit. Fshijeni buzën e kavanozit. Kapaku qendror në kavanoz. Aplikoni shiritin dhe rregullojeni në mënyrë të shtrënguar në majë të gishtave. Vendoseni kavanozin në enë me ujë të valë. Përsëriteni derisa të mbushen të gjitha kavanozët.

e) Përpunoni kavanozët për 10 minuta, duke i përshtatur për lartësinë. Fikni nxehtësinë; hiqeni kapakun dhe lërini kavanozët të qëndrojnë për 5 minuta. Hiqni kavanozët dhe ftohuni.

30. Reçel domate-barishte

Prodhimet: RRETH 4 (½-PT./250-ML) kavanoza

PËRBËRËSIT:
- 6 paund (3 kg) domate kumbulle, të prera dhe të copëtuara
- 1 lugë çaji kripë
- ½ lugë çaji (2 mL) piper i zi i sapo bluar
- 3 thelpinj hudhre, te grira
- 2 gjethe dafine
- 1½ filxhan (375 ml) sheqer
- ½ filxhan (125 ml) uthull balsamike
- ¼ filxhan (60 mL) verë e bardhë e thatë
- 2 lugë çaji (10 mL) herbes de Provence

UDHËZIME:

a) Kombinoni 5 përbërësit e parë në një furrë holandeze të smaltuar prej 6 litrash prej çeliku inoks. Gatuani, pa mbuluar, në zjarr mesatar-të lartë për 1 orë ose derisa të zvogëlohet përgjysmë, duke e përzier shpesh.

b) Përzieni sheqerin dhe 3 përbërësit e ardhshëm. Gatuani, pa mbuluar, mbi nxehtësinë mesatare për 45 minuta ose derisa të trashet shumë, duke e përzier herë pas here. Hiqni dhe hidhni gjethet e dafinës.

c) Hidhni reçelin e nxehtë në një kavanoz të nxehtë, duke lënë hapësirë ¼ inç (0,5 mL). Hiqni flluskat e ajrit. Fshijeni buzën e kavanozit. Kapaku qendror në kavanoz. Aplikoni shiritin dhe rregullojeni në mënyrë të shtrënguar në majë të gishtave. Vendoseni kavanozin në enë me ujë të valë. Përsëriteni derisa të mbushen të gjitha kavanozët.

d) Përpunoni kavanozët për 10 minuta, duke i përshtatur për lartësinë. Fikni nxehtësinë; hiqeni kapakun dhe lërini kavanozët të qëndrojnë për 5 minuta. Hiqni kavanozët dhe ftohuni.

31. Reçel kungull i njomë-bukë

Prodhimet: RRETH 4 (½-PT./250-ML) kavanoza

PËRBËRËSIT:
- 4 gota kungull i njomë i grirë
- 1 filxhan (250 ml) lëng molle
- 6 lugë gjelle Pektin klasik
- ¼ filxhan (60 mL) rrush të thatë
- 1 lugë gjelle (15 ml) lëng limoni në shishe
- 1 lugë çaji kanellë të bluar
- ½ lugë çaji (2 mL) arrëmyshk i bluar
- 3 gota (750 ml) sheqer

UDHËZIME:
a) Kombinoni të gjithë përbërësit, përveç sheqerit, në një furrë holandeze prej 6 litrash inoksi ose të emaluar. Sillni përzierjen në një valë të plotë që nuk mund të përzihet, në zjarr të fortë, duke e përzier vazhdimisht.

b) Shtoni sheqerin, duke e trazuar për t'u tretur. Kthejeni përzierjen në një valë të plotë. Ziejini fort 1 minutë, duke e përzier vazhdimisht. Hiqeni nga zjarri. Shkumë e skremuar, nëse është e nevojshme.

c) Hidhni reçelin e nxehtë në një kavanoz të nxehtë, duke lënë hapësirë ¼ inç (0,5 cm). Hiqni flluskat e ajrit. Fshijeni buzën e kavanozit. Kapaku qendror në kavanoz. Aplikoni shiritin dhe rregullojeni në mënyrë të shtrënguar në majë të gishtave. Vendoseni kavanozin në enë me ujë të valë. Përsëriteni derisa të mbushen të gjitha kavanozët.

d) Përpunoni kavanozët për 15 minuta, duke i përshtatur për lartësinë. Fikni nxehtësinë; hiqeni kapakun dhe lërini kavanozët të qëndrojnë për 5 minuta. Hiqni kavanozët dhe ftohuni.

32. Reçel kokrra të kuqe

Prodhimet: RRETH 6 (½-PT./250-ML) kavanoza

PËRBËRËSIT:

- 2 gota mjedra, boronica ose luleshtrydhe
- 2 shishe ale të zbehtë
- 6 lugë gjelle Pektin klasik
- 1 lugë çaji lëvore limoni
- 2 lugë gjelle lëng limoni të freskët
- 4 gota sheqer

UDHËZIME:

a) Vendosni manaferrat në një furrë holandeze prej 6 litrash çelik inoks ose të emaluar. Thërrmoni manaferrat me një matës patate. Përziejini ale dhe 3 përbërësit e ardhshëm. Sillni përzierjen në një valë të plotë që nuk mund të përzihet, në zjarr të fortë, duke e përzier vazhdimisht.

b) Shtoni sheqerin, duke e trazuar për t'u tretur. Kthejeni përzierjen në një valë të plotë. Ziejini fort 1 minutë, duke e përzier vazhdimisht. Hiqeni nga zjarri. Shkumë e skremuar, nëse është e nevojshme.

c) Hidhni reçelin e nxehtë në një kavanoz të nxehtë, duke lënë hapësirë ¼ inç (0,5 cm). Hiqni flluskat e ajrit. Fshijeni buzën e kavanozit. Kapaku qendror në kavanoz. Aplikoni shiritin dhe rregullojeni në mënyrë të shtrënguar në majë të gishtave. Vendoseni kavanozin në enë me ujë të valë. Përsëriteni derisa të mbushen të gjitha kavanozët.

d) Përpunoni kavanozët për 10 minuta, duke i përshtatur për lartësinë. Fikni nxehtësinë; hiqeni kapakun dhe lërini kavanozët të qëndrojnë për 5 minuta. Hiqni kavanozët dhe ftohuni.

33. Reçel mollë-kili me pak sheger

Bën: RRETH 5 (½-PT./250-ML) kavanoza

PËRBËRËSIT:

- 2 mollë të mëdha (rreth 8½ ons/480 g, secila), të qëruara dhe të grira
- 3 lugë gjelle (45 mL) lëng limoni në shishe
- 4 gota lëng molle
- 3 lugë gjelle (45 mL) Pektinë me pak ose pa sheqer
- 1 lugë gjelle (15 mL) chile de árbol i grimcuar, ose piper i kuq i tharë i grimcuar
- ½ filxhan (125 ml) sheqer
- ½ filxhan (125 ml) mjaltë

UDHËZIME:

a) Kombinoni lëngun e grirë të mollës dhe limonit në një furrë holandeze prej 4 litrash (4 litrash) inox ose të emaluar. Gatuani, duke e përzier vazhdimisht, 10 minuta ose derisa molla të zbutet.

b) Përzieni lëngun e mollës, pektinën dhe chile de árbol të grimcuar. Sillni përzierjen në një valë të plotë që nuk mund të përzihet, në zjarr të fortë, duke e përzier vazhdimisht.

c) Shtoni sheqerin dhe mjaltin, duke e trazuar për të tretur sheqerin. Kthejeni përzierjen në një valë të plotë. Ziejini fort 1 minutë, duke e përzier vazhdimisht. Hiqeni nga zjarri. Shkumë e skremuar, nëse është e nevojshme.

d) Hidhni reçelin e nxehtë në një kavanoz të nxehtë, duke lënë hapësirë ¼ inç (0,5 cm). Hiqni flluskat e ajrit. Fshijeni buzën e kavanozit. Kapaku qendror në kavanoz. Aplikoni shiritin dhe rregullojeni në mënyrë të shtrënguar në majë të gishtave. Vendoseni kavanozin në enë me ujë të valë. Përsëriteni derisa të mbushen të gjitha kavanozët.

e) Përpunoni kavanozët për 10 minuta, duke i përshtatur për lartësinë. Fikni nxehtësinë; hiqeni kapakun dhe lërini kavanozët të qëndrojnë për 5 minuta. Hiqni kavanozët dhe ftohuni.

34. Reçel balsamik-qepë

Bën: RRETH 5 (½-PT./250-ML) kavanoza

PËRBËRËSIT:
- 2 lb (1 kg) qepë, të prera në kubikë
- ½ filxhan (125 ml) uthull balsamike
- ½ filxhan (125 mL) shurup panje
- 1½ lugë çaji (7,5 mL) kripë
- 2 lugë çaji (10 mL) piper i bardhë i bluar
- 1 gjethe dafine
- 2 gota lëng molle
- 3 lugë gjelle (45 mL) Pektinë me pak ose pa sheqer
- ½ filxhan (125 ml) sheqer

UDHËZIME:
a) Kombinoni 6 përbërësit e parë në një furrë holandeze të smaltuar prej 6 litrash çeliku inoks. Gatuani mbi nxehtësi mesatare për 15 minuta ose derisa qepët të jenë të tejdukshme, duke i trazuar herë pas here.

b) Përzieni lëngun e mollës dhe pektinën. Sillni përzierjen në një valë të plotë që nuk mund të përzihet, në zjarr të fortë, duke e përzier vazhdimisht.

c) Shtoni sheqerin, duke e trazuar për t'u tretur. Kthejeni përzierjen në një valë të plotë. Ziejini fort 1 minutë, duke e përzier vazhdimisht. Hiqeni nga zjarri. Hiqeni dhe hidhni gjethen e dafinës. Shkumë e skremuar, nëse është e nevojshme.

d) Hidhni reçelin e nxehtë në një kavanoz të nxehtë, duke lënë hapësirë ¼ inç (0,5 cm). Hiqni flluskat e ajrit. Fshijeni buzën e kavanozit. Kapaku qendror në kavanoz. Aplikoni shiritin dhe rregullojeni në mënyrë të shtrënguar në majë të gishtave. Vendoseni kavanozin në enë me ujë të valë. Përsëriteni derisa të mbushen të gjitha kavanozët.

e) Përpunoni kavanozët për 15 minuta, duke i përshtatur për lartësinë. Fikni nxehtësinë; hiqeni kapakun dhe lërini kavanozët të qëndrojnë për 5 minuta. Hiqni kavanozët dhe ftohuni.

35. Reçel boronicë-limon

Prodhimet: RRETH 4 (½-PT./250-ML) kavanoza

PËRBËRËSIT:
- 4 gota boronica të freskëta
- 3½ gota (1.6 L) sheqer
- 1 lugë çaji lëvore limoni
- 1 lugë gjelle (15 ml) lëng limoni të freskët
- 1 qese (3-uns/88,5-mL) Pektinë e lëngshme

UDHËZIME:
a) Lani, kullojini dhe shtypni lehtë boronica me një lugë (aq sa për të çarë lëkurat). Matni 2½ filxhanë (625 mL) boronica të grimcuara në një furrë holandeze prej 6 litrash çelik inoks ose të emaluar.

b) Shtoni sheqerin dhe 2 përbërësit e ardhshëm. Sillni përzierjen në një valë të plotë që nuk mund të përzihet, në zjarr të fortë, duke e përzier vazhdimisht.

c) Shtoni pektinën, duke shtrydhur menjëherë të gjithë përmbajtjen nga qesja. Vazhdoni zierjen e fortë për 1 minutë, duke e përzier vazhdimisht. Hiqeni nga zjarri. Shkumë e skremuar, nëse është e nevojshme.

d) Hidheni përzierjen e nxehtë në një kavanoz të nxehtë, duke lënë hapësirë ¼ inç (0,5 cm). Hiqni flluskat e ajrit. Fshijeni buzën e kavanozit. Kapaku qendror në kavanoz. Aplikoni shiritin dhe rregullojeni në mënyrë të shtrënguar në majë të gishtave. Vendoseni kavanozin në enë me ujë të valë. Përsëriteni derisa të mbushen të gjitha kavanozët.

e) Përpunoni kavanozët për 10 minuta, duke i përshtatur për lartësinë. Fikni nxehtësinë; hiqeni kapakun dhe lërini kavanozët të qëndrojnë për 5 minuta. Hiqni kavanozët dhe ftohuni.

36. Reçeli i mollës

PËRBËRËSIT:

- 2 gota dardha të qëruara, të prera dhe të prera
- 1 filxhan mollë të qëruara, të prera dhe të prera
- 6 ½ gota sheqer
- ¼ lugë çaji kanellë të bluar
- ⅓ filxhan lëng limoni në shishe
- 6 ons pektinë të lëngshme

UDHËZIME:

a) Thërrmoni mollët dhe dardhat në një tenxhere të madhe dhe përzieni me kanellë.

b) Përzieni mirë sheqerin dhe lëngun e limonit me frutat dhe lërini të ziejnë në zjarr të fortë, duke i përzier vazhdimisht. Përzieni menjëherë pektinën. Lëreni të vlojë plotësisht dhe ziejini fort 1 minutë, duke e përzier vazhdimisht.

c) Hiqeni nga nxehtësia, hiqni shpejt shkumën dhe mbushni kavanoza sterile duke lënë hapësirë 1/4 inç. Fshini buzët e kavanozëve me një peshqir letre të pastër të lagur.

d) Rregulloni kapakët dhe përpunoni.

37. Pelte luleshtrydhe-raven

PËRBËRËSIT:
- 1½ kilogram kërcell të kuq të ravenit
- 1½ litër luleshtrydhe të pjekura
- ½ lugë çaji gjalpë ose margarinë për të reduktuar shkumën
- 6 gota sheqer
- 6 ons pektinë të lëngshme

UDHËZIME:

a) Lani dhe prisni raven në copa 1 inç dhe përzieni ose bluajeni. Lani, kërceni dhe shtypni luleshtrydhet, një shtresë në një kohë, në një tenxhere.

b) Vendosini të dy frutat në një qese pelte ose shtresë të dyfishtë napë dhe shtrydhni butësisht lëngun. Vendosni 3-½ gota lëng në një tigan të madh. Shtoni gjalpin dhe sheqerin, duke i përzier plotësisht në lëng.

c) Lëreni të ziejë në zjarr të fortë, duke e përzier vazhdimisht. Përzieni menjëherë pektinën. Lëreni të vlojë plotësisht dhe ziejini fort 1 minutë, duke e përzier vazhdimisht.

d) Hiqeni nga nxehtësia, hiqni shpejt shkumën dhe mbushni kavanoza sterile, duke lënë hapësirë ¼ inç. Fshini buzët e kavanozëve me një peshqir letre të pastër të lagur.

e) Rregulloni kapakët dhe përpunoni.

38. Reçel boronicë-erëza

PËRBËRËSIT:
- 2-½ litra boronica të pjekura
- 1 lugë gjelle lëng limoni
- ½ lugë çaji arrëmyshk i bluar ose kanellë
- 5-½ gota sheqer
- ¾ filxhan ujë
- 1 kuti (1-¾ ons) pektin pluhur

UDHËZIME:

a) Lani dhe shtypni mirë boronica, një shtresë në një kohë, në një tenxhere. Shtoni lëng limoni, erëza dhe ujë. Përzieni pektinën dhe lëreni të ziejë plotësisht mbi nxehtësinë e lartë, duke e përzier shpesh.

b) Shtoni sheqerin dhe kthejeni në një valë të plotë. Ziejini fort për 1 minutë duke e përzier vazhdimisht.

c) Hiqeni nga nxehtësia, hiqni shpejt shkumën dhe mbushni kavanoza sterile, duke lënë hapësirë ¼ inç. Fshini buzët e kavanozëve me një peshqir letre të pastër të lagur.

d) Rregulloni kapakët dhe përpunoni.

39. Pelte rrushi-kumbulle

PËRBËRËSIT:

- 3-½ paund kumbulla të pjekura
- 3 paund rrush i pjekur Concord
- 1 gotë ujë
- ½ lugë çaji gjalpë ose margarinë për të reduktuar shkumën (opsionale)
- 8-½ gota sheqer
- 1 kuti (1-¾ ons) pektin pluhur

UDHËZIME:

a) Lani dhe groposni kumbullat; mos e qëroni. Thërrmoni tërësisht kumbullat dhe rrushin, një shtresë në një herë, në një tenxhere me ujë. Lëreni të vlojë, mbulojeni dhe ziejini për 10 minuta.

b) Kullojeni lëngun përmes një qese pelte ose një shtrese të dyfishtë napë. Matni sheqerin dhe lëreni mënjanë.

c) Kombinoni 6-½ gota lëng me gjalpë dhe pektinë në një tenxhere të madhe. Lëreni të ziejë fort në zjarr të fortë, duke e përzier vazhdimisht. Shtoni sheqerin dhe kthejeni në një valë të plotë. Ziejini fort për 1 minutë duke e përzier vazhdimisht.

d) Hiqeni nga nxehtësia, hiqni shpejt shkumën dhe mbushni kavanoza sterile, duke lënë hapësirë ¼ inç. Fshini buzët e kavanozëve me një peshqir letre të pastër të lagur.

e) Rregulloni kapakët dhe përpunoni.

40. Pelte me piper të artë

PËRBËRËSIT:
- 5 gota speca të verdhë të grirë
- ½ filxhan speca chili Serrano të copëtuara
- 1½ filxhan uthull të bardhë të distiluar (5%)
- 5 gota sheqer
- 1 qese (3 ons) pektinë e lëngshme

UDHËZIME:
a) Lani të gjitha specat tërësisht; hiqni kërcellin dhe farat nga specat. Vendosni specat e ëmbël dhe djegës në një blender ose procesor ushqimi.

b) Shtoni mjaft uthull për të bërë pure specat, më pas bëni pure. Kombinoni purenë e specit-uthull dhe uthullën e mbetur në një tenxhere 8 ose 10 litra. Ngroheni në një çiban; më pas zieni 10 minuta për të nxjerrë shijet dhe ngjyrën.

c) Hiqeni nga zjarri dhe kullojeni përmes një qese pelte në një tas. (Preferohet qesja me pelte; mund të përdoren edhe disa shtresa napë.)

d) Matni 2-¼ gota me lëngun e kulluar me piper-uthull përsëri në tenxhere. Përzieni sheqerin derisa të tretet dhe kthejeni përzierjen në një valë. Shtoni pektinin, kthejeni në një valë të plotë dhe ziejini fort për 1 minutë, duke e përzier vazhdimisht.

e) Hiqeni nga zjarri, hiqni shpejt çdo shkumë dhe mbushni në kavanoza sterile, duke lënë hapësirë 1/4 inç. Fshini buzët e kavanozëve me një peshqir letre të pastër të lagur.

f) Rregulloni kapakët dhe përpunoni.

41. Reçel pjeshke-ananas

PËRBËRËSIT:
- 4 filxhanë tul pjeshke të kulluar
- 2 filxhanë ananas të grimcuar pa sheqer të kulluar
- ¼ filxhan lëng limoni në shishe
- 2 gota sheqer (opsionale)

UDHËZIME:
a) Lani tërësisht 4 deri në 6 kilogramë pjeshkë të forta dhe të pjekura. Kullojini mirë. Qëroni dhe hiqni gropat. Grini mishin e frutave me një teh të mesëm ose të trashë, ose shtypni me pirun (mos përdorni blender).
b) Vendosni frutat e bluara ose të grimcuar në një tenxhere prej 2 litrash. Ngroheni ngadalë për të lëshuar lëng, duke e përzier vazhdimisht, derisa frutat të jenë të buta.
c) Vendosni frutat e gatuara në një qese pelte ose sitë të veshur me katër shtresa napë. Lëreni lëngun të pijë rreth 15 minuta. Ruajeni lëngun për pelte ose përdorime të tjera.
d) Matni 4 gota tul frutash të kulluar për të bërë përhapje. Kombinoni 4 gota tul, ananasi dhe lëng limoni në një tenxhere 4 litra. Shtoni deri në 2 gota sheqer sipas dëshirës dhe përzieni mirë. Ngroheni dhe ziejini butësisht për 10 deri në 15 minuta, duke e trazuar mjaftueshëm për të parandaluar ngjitjen.
e) Mbushni kavanozët e nxehtë shpejt, duke lënë hapësirë ¼ inç. Fshini buzët e kavanozëve me një peshqir letre të pastër të lagur.
f) Rregulloni kapakët dhe përpunoni.

42. Reçeli me mollë në frigorifer

PËRBËRËSIT:
- 2 lugë gjelle pluhur xhelatine pa aromë
- 1-litër shishe lëng molle pa sheqer
- 2 lugë gjelle lëng limoni në shishe
- 2 lugë ëmbëlsues të lëngshëm me pak kalori
- Ngjyrosje ushqimore, nëse dëshironi

UDHËZIME:

a) Në një tenxhere zbutni xhelatinën në lëngun e mollës dhe limonit. Për të shpërndarë xhelatinë, sillni një valë të plotë dhe ziejini 2 minuta. Hiqeni nga zjarri. Përzieni ëmbëlsuesin dhe ngjyrën ushqimore, nëse dëshironi.

b) Mbushni kavanoza, duke lënë hapësirë ¼ inç. Fshini buzët e kavanozëve me një peshqir letre të pastër të lagur. Rregulloni kapakët. Mos e përpunoni ose ngrini.

c) Ruajeni në frigorifer dhe përdorni brenda 4 javësh.

43. Reçel rrushi në frigorifer

PËRBËRËSIT:

- 2 lugë gjelle pluhur xhelatine pa aromë
- 1 shishe (24 ons) lëng rrushi pa sheqer
- 2 lugë gjelle lëng limoni në shishe
- 2 lugë ëmbëlsues të lëngshëm me pak kalori

UDHËZIME:

a) Në një tenxhere zbutni xhelatinën në lëngun e rrushit dhe limonit. Lëreni të vlojë plotësisht për të tretur xhelatinën. Zieni 1 minutë dhe hiqeni nga zjarri. Përzieni ëmbëlsuesin.

b) Mbushni kavanozët e nxehtë shpejt, duke lënë hapësirë ¼ inç. Fshini buzët e kavanozëve me një peshqir letre të pastër të lagur.

c) Rregulloni kapakët. Mos e përpunoni ose ngrini.

d) Ruajeni në frigorifer dhe përdorni brenda 4 javësh.

44. Jelly qershie me pektin pluhur

PËRBËRËSIT:
- 3 ½ gota lëng qershie
- 1 pako pektin pluhur
- 4 ½ gota sheqer

UDHËZIME:

a) Për të përgatitur lëngun. Zgjidhni qershi plotësisht të pjekura. Renditni, lani dhe hiqni kërcellet; mos gropë. Thërrmoni qershitë, shtoni ujë, mbulojeni, lërini të ziejnë në zjarr të fortë. Ulni nxehtësinë dhe ziejini për 10 minuta. Ekstraktoni lëngun.

b) Për të bërë pelte. Lëngun e matni në një kazan. Shtoni pektinën dhe përzieni mirë. Vendoseni në zjarr të fortë dhe, duke e përzier vazhdimisht, sillni shpejt një valë të plotë që nuk mund të trazohet.

c) Shtoni sheqerin, vazhdoni të përzieni dhe ngroheni përsëri në një valë të plotë. Ziejeni fort për 1 minutë.

d) Hiqeni nga nxehtësia; hiqni shpejt shkumën. Hidhe pelte në kavanoza konservimi të nxehtë, sterile në ¼ inç nga sipër. Mbyllni dhe përpunoni për 5 minuta në një banjë me ujë të valë.

45. Reçel vishnje me pektin pluhur

PËRBËRËSIT:
- 4 filxhanë qershi të bluara pa koriza
- 1 pako pektin pluhur
- 5 gota sheqer

UDHËZIME:

a) Për të përgatitur fruta. Renditni dhe lani qershitë plotësisht të pjekura; hiqni kërcellet dhe gropat. Grini qershitë ose grijini mirë.

b) Për të bërë reçel. Vendosni qershitë e përgatitura paraprakisht në një kazan. Shtoni pektinën dhe përzieni mirë. E vendosim në zjarr të fortë dhe, duke e përzier vazhdimisht, e vendosim të ziejë plotësisht me flluska në të gjithë sipërfaqen.

c) Shtoni sheqerin, vazhdoni të përzieni dhe ngroheni përsëri në një valë të plotë. Ziejini fort për 1 minutë duke e përzier vazhdimisht. Lëvizni përsëri nga nxehtësia; i skremuar.

d) Hidheni menjëherë në kavanoza konservimi të nxehta, sterile deri në ¼ inç nga sipër. Mbyllni dhe përpunoni për 5 minuta në një banjë me ujë të valë.

46. Reçel fiku me pektinë të lëngshme

PËRBËRËSIT:
- 4 gota fiq të grimcuar (rreth 3 paund fiq)
- ½ filxhan lëng limoni
- 7 ½ gota sheqer
- ½ shishe me pektinë të lëngshme

UDHËZIME:

a) Për të përgatitur fruta. Renditni dhe lani fiqtë plotësisht të pjekur; hiqni skajet e kërcellit. Thërrmoni ose bluani frutat.

b) Për të bërë reçel. Vendosni fiqtë e grimcuar dhe lëngun e limonit në një kazan. Shtoni sheqerin dhe përzieni mirë. Vendoseni në zjarr të fortë dhe, duke e trazuar vazhdimisht, vendoseni shpejt në një valë të plotë me flluska në të gjithë sipërfaqen. Ziejini fort për 1 minutë duke e përzier vazhdimisht.

c) Hiqeni nga zjarri. Përzieni pektinën. Hiqni shpejt shkumën. Hidheni menjëherë në kavanoza konservimi të nxehta, sterile deri në ¼ inç nga sipër. Mbyllni dhe përpunoni për 5 minuta në një banjë me ujë të valë.

47. Pelte rrushi me pektin pluhur

PËRBËRËSIT:
- 5 gota lëng rrushi
- 1 pako pektin pluhur
- 7 gota sheqer

UDHËZIME:

a) Për të përgatitur lëngun. Renditni, lani dhe hiqni kërcellet nga rrushi plotësisht i pjekur. Thërrmoni rrushin, shtoni ujë, mbulojeni dhe lëreni të ziejë në zjarr të fortë. Ulni nxehtësinë dhe ziejini për 10 minuta. Ekstraktoni lëngun.

b) Për të bërë pelte. Lëngun e matni në një kazan. Shtoni pektinën dhe përzieni mirë. Vendoseni në zjarr të fortë dhe, duke e përzier vazhdimisht, sillni shpejt një valë të plotë që nuk mund të trazohet.

c) Shtoni sheqerin, vazhdoni të përzieni dhe vendoseni përsëri në një valë të plotë. Ziejeni fort për 1 minutë.

d) Hiqeni nga nxehtësia; hiqni shpejt shkumën. Hidheni pelte menjëherë në kavanoza konservimi të nxehta, sterile deri në ¼ inç nga sipër. Mbyllni dhe përpunoni për 5 minuta në një banjë me ujë të valë.

48. Reçel mente-ananasi me pektinë të lëngshme

PËRBËRËSIT:
- Një 20 ons mund të grimcuar ananasin ¾ filxhan ujë
- ¼ filxhan lëng limoni
- 7 ½ gota sheqer
- 1 shishe me pektinë të lëngshme ½ lugë çaji ekstrakt menteje Pak pika ngjyrues jeshil

UDHËZIME:

a) Vendosni ananasin e grimcuar në një kazan. Shtoni ujin, lëngun e limonit dhe sheqerin. I trazojmë mirë.

b) E vendosim në zjarr të fortë dhe e përziejmë vazhdimisht, e vendosim të ziejë plotësisht me flluska në të gjithë sipërfaqen. Ziejini fort për 1 minutë duke e përzier vazhdimisht. Hiqeni nga nxehtësia; shtoni pektin, ekstrakt shije dhe ngjyrosje. I skremuar.

c) Hidheni menjëherë në kavanoza konservimi të nxehta, sterile deri në ¼ inç nga sipër. Mbyllni dhe përpunoni për 5 minuta në një banjë me ujë të valë.

49. Pelte e përzier frutash me pektinë të lëngshme

PËRBËRËSIT:
- 2 gota lëng boronicë
- 2 gota lëng ftua
- 1 filxhan lëng molle
- 7 ½ gota sheqer
- ½ shishe me pektin të lëngshëm

UDHËZIME:

a) Për të përgatitur fruta. Renditni dhe lani boronicat plotësisht të pjekura. Shtoni ujin, mbulojeni dhe lëreni të vlojë në zjarr të lartë. Ulni nxehtësinë dhe ziejini për 20 minuta. Ekstraktoni lëngun.

b) Renditni dhe lani ftua. Hiqni skajet e kërcellit dhe të lulëzimit; mos e prish ose thelbin. Pritini në feta shumë të holla ose prisni në copa të vogla. Shtoni ujin, mbulojeni dhe lëreni të vlojë në zjarr të lartë. Ulni nxehtësinë dhe ziejini për 25 minuta. Ekstraktoni lëngun.

c) Renditni dhe lani mollët. Hiqni skajet e kërcellit dhe të lulëzimit; mos e prish ose thelbin. Pritini në copa të vogla. Shtoni ujin, mbulojeni dhe lëreni të vlojë në zjarr të lartë. Ulni nxehtësinë dhe ziejini për 20 minuta. Ekstraktoni lëngun.

d) Për të bërë pelte. Matni lëngjet në një kazan. Përzieni sheqerin. Vendoseni në nxehtësi të lartë dhe, duke e përzier vazhdimisht, sillni shpejt një valë të plotë, që nuk mund të trazohet.

e) Shtoni pektinën dhe kthejeni në një valë të plotë. Ziejeni fort për 1 minutë.

f) Hiqeni nga nxehtësia; hiqni shpejt shkumën. Hidheni pelte menjëherë në kavanoza konservimi të nxehta, sterile deri në ¼ inç nga sipër. Mbyllni dhe përpunoni për 5 minuta në një banjë me ujë të valë.

Bën: nëntë ose dhjetë kavanoza 8 ons.

50. Pelte portokalli

Bën: 4 ose 5 kavanoza me gjysmë litër.

PËRBËRËSIT:
- 3 ¼ gota sheqer
- 1 gotë ujë
- 3 lugë lëng limoni ½ shishe me pektinë të lëngshme
- Një kanaçe prej 6 ons (¾ filxhani) lëng portokalli të koncentruar të ngrirë

UDHËZIME:
a) Përzieni sheqerin në ujë. Vendoseni në nxehtësi të lartë dhe, duke e përzier vazhdimisht, sillni shpejt një valë të plotë, që nuk mund të trazohet.
b) Shtoni lëng limoni. Ziejeni fort për 1 minutë.
c) Hiqeni nga zjarri. Përzieni pektinën. Shtoni lëngun e koncentruar të portokallit të shkrirë dhe përzieni mirë.
d) Hidheni pelte menjëherë në kavanoza konservimi të nxehta, sterile deri në ¼ inç nga sipër. Mbyllni dhe përpunoni për 5 minuta në një banjë me ujë të valë.

51. Pelte portokalli me erëza

Bën: 4 kavanoza gjysmë litër.

PËRBËRËSIT:
- 2 gota lëng portokalli
- ⅓ filxhan lëng limoni
- ⅔ filxhan ujë
- 1 pako pektin pluhur
- 2 lugë lëvozhgë portokalli, të prera
- 1 lugë çaji spec i plotë
- ½ lugë çaji karafil të plotë
- 4 shkopinj kanellë, 2 inç të gjatë
- 3 ½ gota sheqer

UDHËZIME:
a) Përzieni lëngun e portokallit, lëngun e limonit dhe ujin në një tenxhere të madhe.
b) Përzieni pektinën.
c) Vendosni lëvozhgën e portokallit, specin, karafilin dhe shkopinjtë e kanellës lirshëm në një leckë të bardhë të pastër, lidheni me një fije dhe shtoni përzierjen e frutave.
d) Vendoseni në nxehtësi të lartë dhe, duke e përzier vazhdimisht, sillni shpejt një valë të plotë, që nuk mund të trazohet.
e) Shtoni sheqerin, vazhdoni të përzieni dhe ngroheni përsëri në një valë të plotë. Ziej fort për 1 minutë.
f) Hiqeni nga zjarri. Hiqni qesen e erëzave dhe hiqni shpejt shkumën. Hidhe pelte menjëherë në kavanoza konservimi të nxehtë, sterile në ¼ inç nga lart. Mbyllni dhe përpunoni për 5 minuta në një banjë me ujë të valë.

52. Reçel portokalli

PËRBËRËSIT:

- ¾ filxhan lëvore grejpfruti (½ grejpfrut)
- ¾ filxhan lëvore portokalli (1 portokall)
- 13/ filxhan lëvore limoni (1 limon)
- 1-litër ujë të ftohtë
- Tul i 1 grejpfrut
- Pulpa e 4 portokalleve të mesme
- 2 gota lëng limoni
- 2 gota ujë të vluar
- 3 gota sheqer

UDHËZIME:

a) Për të përgatitur fruta. Lani dhe qëroni frutat. Pritini lëvozhgën në shirita të hollë. Shtoni ujë të ftohtë dhe ziejini në një tigan të mbuluar derisa të zbuten (rreth 30 minuta). Kullojeni.

b) Hiqni farat dhe membranën nga frutat e qëruara. Pritini frutat në copa të vogla.

c) Për të bërë Bllokim. Shtoni ujë të vluar tek lëvozhga dhe frutat. Shtoni sheqerin dhe zieni me shpejtësi deri në 9 °F mbi pikën e vlimit të ujit (rreth 20 minuta), duke e përzier shpesh. Hiqeni nga nxehtësia; i skremuar.

d) Hidheni menjëherë në kavanoza konservimi të nxehta, sterile deri në ¼ inç nga sipër. Mbyllni dhe përpunoni për 5 minuta në një banjë me ujë të valë.

Bën: 3 ose 4 kavanoza me gjysmë litër.

53. Konserva Kajsi-Portokalli

PËRBËRËSIT:
- 3 ½ filxhanë kajsi të kulluara të copëtuara
- 1 ½ filxhan lëng portokalli
- Lëvozhga e ½ portokalli, e grirë
- 2 lugë gjelle lëng limoni
- 3 ¼ gota sheqer
- ½ filxhan arra të copëtuara

UDHËZIME:
a) Për të përgatitur kajsi të thata. Gatuani kajsitë të pambuluara në 3 gota ujë derisa të zbuten (rreth 20 minuta); kullojeni dhe copëtoni.

b) Për të konservuar. Kombinoni të gjithë përbërësit përveç arrave. Gatuani në 9 °F mbi pikën e vlimit të ujit ose derisa të trashet, duke e përzier vazhdimisht. Shtoni arra; trazojini mirë. Hiqeni nga nxehtësia; i skremuar.

c) Hidheni menjëherë në kavanoza konservimi të nxehta, sterile deri në ¼ inç nga sipër. Mbyllni dhe përpunoni për 5 minuta në një banjë me ujë të valë.

54. Reçel pjeshke me pektin pluhur

Bën: rreth 6 kavanoza gjysmë litër.

PËRBËRËSIT:
- 3 ¾ gota pjeshkë të grimcuara
- ½ filxhan lëng limoni
- 1 pako pektin pluhur
- 5 gota sheqer

UDHËZIME:
a) Për të përgatitur fruta. Renditni dhe lani pjeshkët plotësisht të pjekura. Hiqni kërcellet, lëkurat dhe gropat. Thërrmoni pjeshkët.

b) Për të bërë reçel. Matni pjeshkët e grimcuara në një kazan. Shtoni lëng limoni dhe pektinë; trazojini mirë. Vendoseni në zjarr të fortë dhe, duke e trazuar vazhdimisht, vendoseni shpejt në një valë të plotë me flluska në të gjithë sipërfaqen.

c) Shtoni sheqerin, vazhdoni të përzieni dhe ngroheni përsëri në një valë të plotë, flluska. Ziejini fort për 1 minutë duke e përzier vazhdimisht. Hiqeni nga nxehtësia; i skremuar.

d) Hidheni menjëherë në kavanoza konservimi të nxehta, sterile deri në ¼ inç nga sipër. Mbyllni dhe përpunoni për 5 minuta në një banjë me ujë të valë.

55. Reçel me erëza boronicë-pjeshkë

Bën: 6 ose 7 kavanoza gjysmë litër.

PËRBËRËSIT:
- 4 gota pjeshkë të grira ose të grira
- 4 gota boronica
- 2 lugë gjelle lëng limoni
- ½ filxhan ujë
- 5 ½ gota sheqer
- ½ lugë çaji kripë
- 1 shkop kanellë
- ½ lugë çaji karafil të plotë
- ¼ e lugës së çajit spec të plotë

UDHËZIME:
a) Për të përgatitur fruta. Renditni dhe lani pjeshkët plotësisht të pjekura; qëroni dhe hiqni gropat. Pritini ose bluani pjeshkët.
b) Renditni, lani dhe hiqni çdo kërcell nga boronicat e freskëta.
c) Shkrini manaferrat e ngrira.
d) Për të bërë reçel. Matni frutat në një kazan; shtoni lëng limoni dhe ujë. Mbulojeni, lëreni të vlojë dhe ziejini për 10 minuta, duke e përzier herë pas here.
e) Shtoni sheqer dhe kripë; trazojini mirë. Shtoni erëza të lidhura me leckë djathi. Ziejeni shpejt, duke e përzier vazhdimisht, deri në 9 °F mbi pikën e vlimit të ujit, ose derisa përzierja të trashet.
f) Hidheni menjëherë në kavanoza konservimi të nxehta, sterile deri në ¼ inç nga sipër. Mbyllni dhe përpunoni për 5 minuta në një banjë me ujë të valë.

56. Reçel ananasi me pektin të lëngshëm

Bën: 4 ose 5 kavanoza me gjysmë litër.

PËRBËRËSIT:
- Një mund të ananasit të grimcuar 20 ons
- 3 lugë lëng limoni
- 3 ¼ gota sheqer
- ½ shishe me pektin të lëngshëm

UDHËZIME:
a) Kombinoni ananasin dhe lëngun e limonit në një kazan. Shtoni sheqerin dhe përzieni mirë. Vendoseni në zjarr të fortë dhe, duke e trazuar vazhdimisht, vendoseni shpejt në një valë të plotë me flluska në të gjithë sipërfaqen.

b) Ziejini fort për 1 minutë duke e përzier vazhdimisht.

c) Hiqeni nga nxehtësia; përzieni pektinën. I skremuar.

d) Lëreni të qëndrojë për 5 minuta.

e) Hidheni menjëherë në kavanoza konservimi të nxehta, sterile deri në ¼ inç nga sipër.

f) Mbyllni dhe përpunoni për 5 minuta në një banjë me ujë të valë.

57. Pelte kumbulle me pektin të lëngshëm

Bën: 7 ose 8 kavanoza gjysmë litër.

PËRBËRËSIT:
- 4 gota lëng kumbulle
- 7 ½ gota sheqer
- ½ shishe me pektin të lëngshëm

UDHËZIME:
a) Për të përgatitur lëngun. Renditni dhe lani kumbullat plotësisht të pjekura dhe pritini në copa; mos e qëroni ose nuk e gërmoni. Thërrmoni frutat, shtoni ujë, mbulojeni dhe lëreni të ziejnë në zjarr të fortë. Ulni nxehtësinë dhe ziejini për 10 minuta. Ekstraktoni lëngun.

b) Për të bërë pelte. Lëngun e matni në një kazan. Përzieni sheqerin. Vendoseni në nxehtësi të lartë dhe, duke e përzier vazhdimisht, sillni shpejt një valë të plotë, që nuk mund të trazohet.

c) Shtoni pektin; sillni përsëri në vlim të plotë. Ziej fort 1 minutë.

d) Hiqeni nga nxehtësia; hiqni shpejt shkumën. Hidheni pelte menjëherë në kavanoza konservimi të nxehta, sterile deri në ¼ inç nga sipër. Mbyllni dhe përpunoni për 5 minuta në një banjë me ujë të valë.

58. Reçel luleshtrydhe me pektin pluhur

PËRBËRËSIT:
- 5 ½ gota luleshtrydhe të grimcuara
- 1 pako pektin pluhur
- 8 gota sheqer

UDHËZIME:

a) Për të përgatitur fruta. Renditni dhe lani luleshtrydhet plotësisht të pjekura; ri-lëvizni kërcellet dhe kapakët. Thërrmoni manaferrat.

b) Për të bërë reçel. Matni luleshtrydhet e grimcuara në një kazan. Shtoni pektinën dhe përzieni mirë. E vendosim në zjarr të fortë dhe, duke e përzier vazhdimisht, e vendosim të ziejë plotësisht me flluska në të gjithë sipërfaqen.

c) Shtoni sheqerin, vazhdoni të përzieni dhe ngroheni përsëri në një valë të plotë, flluska. Ziejini fort për 1 minutë duke e përzier vazhdimisht. Lëvizni përsëri nga nxehtësia; i skremuar.

d) Hidheni menjëherë në kavanoza konservimi të nxehta, sterile deri në ¼ inç nga sipër. Mbyllni dhe përpunoni për 5 minuta në një banjë me ujë të valë.

e) Bën: 9 ose 10 kavanoza gjysmë litër.

59. Bllokim Tutti-Frutti

Bën: 6 ose 7 kavanoza gjysmë litër.

PËRBËRËSIT:
- 3 gota dardha të grira ose të grira
- 1 portokall i madh
- ¾ filxhani ananasi i grimcuar i kulluar
- ¼ filxhan qershi maraschino të copëtuar
- ¼ filxhan lëng limoni
- 1 pako pektin pluhur
- 5 gota sheqer

UDHËZIME:
a) Për të përgatitur fruta. Renditni dhe lani dardha të pjekura; pare dhe thelbi. Pritini ose bluani dardhat. Qëroni portokallin, hiqni farat dhe copëtoni ose bluajeni tulin.

b) Për të bërë reçel. Pritini dardhat e copëtuara në një kazan. Shtoni portokallin, ananasin, qershitë dhe lëngun e limonit. Përzieni pektinën.

c) E vendosim në zjarr të fortë dhe, duke e përzier vazhdimisht, e vendosim të ziejë plotësisht me flluska në të gjithë sipërfaqen.

d) Shtoni sheqerin, vazhdoni të përzieni dhe ngroheni përsëri në një valë të plotë. Ziejini fort për 1 minutë duke e përzier vazhdimisht. Lëvizni përsëri nga nxehtësia; i skremuar.

e) Hidheni menjëherë në kavanoza konservimi të nxehta, sterile deri në ¼ inç nga sipër. Mbyllni dhe përpunoni për 5 minuta në një banjë me ujë të valë.

60. Konservimi i rrushit

PËRBËRËSIT:
- 3 paund rrush
- 3 paund Sheqer
- 1 kile rrush i thatë me fara
- 3 portokall
- ½ kile mish arre, të copëtuar

UDHËZIME:

a) Ndani lëkurat e rrushit nga tuli. Ziejeni tulin për rreth 10 minuta dhe më pas kullojeni për të hequr farat përpara se ta kombinoni me lëkurat.

b) Hidhni rrushin e thatë dhe portokallet në një copëz ushqimi. Shtoni në rrush.

c) Shtoni sheqerin dhe gatuajeni ngadalë për rreth 45 minuta, duke e përzier shpesh.

d) Shtoni arra fillimisht para mbylljes. Hidheni në kavanoza të vogla dhe mbylleni.

BLLOKIMS JO PEKTINE

61. Blackberry Jelly pa Pektin të shtuar

PËRBËRËSIT:

- 8 gota lëng manaferre
- 6 gota sheqer

UDHËZIME:

a) Për të përgatitur lëngun. Zgjidhni një proporcion nga një e katërta e manave të papjekura deri në tre të katërtat e frutave të pjekura. Renditni dhe lani; hiqni çdo kërcell ose kapak. Thërrmoni manaferrat, shtoni ujë, mbulojeni dhe lërini të ziejnë në zjarr të lartë. Ulni nxehtësinë dhe ziejini për 5 minuta. Ekstraktoni lëngun.

b) Për të bërë pelte. Lëngun e matni në një kazan. Shtoni sheqerin dhe përzieni mirë. Ziejeni mbi nxehtësi të lartë deri në 8 °F mbi pikën e vlimit të ujit ose derisa përzierja e pelte të bjerë në një fletë nga një lugë.

c) Hiqeni nga nxehtësia; hiqni shpejt shkumën. Hidhe pelte menjëherë në kavanoza konservimi të nxehtë, sterile në ¼ inç nga lart. Mbyllni dhe përpunoni për 5 minuta në një banjë me ujë të valë.

62. Jelly molle pa pektin të shtuar

PËRBËRËSIT:

- 4 gota lëng molle
- 2 lugë gjelle lëng limoni të kulluar, sipas dëshirës
- 3 gota sheqer

UDHËZIME:

a) Për të përgatitur lëngun. Përdorni një proporcion prej një të katërtën e mollëve të papjekur deri në tre të katërtat e frutave të tartave plotësisht të pjekura.

b) Renditni, lani dhe hiqni skajet e kërcellit dhe të lulëzimit; mos e prish ose thelbin. Pritini mollët në copa të vogla. Shtoni ujin, mbulojeni dhe lëreni të vlojë në zjarr të lartë. Ulni nxehtësinë dhe ziejini për 20 deri në 25 minuta ose derisa mollët të jenë të buta. Ekstraktoni lëngun.

c) Për të bërë pelte. Matni lëngun e mollës në një kazan. Shtoni lëngun e limonit dhe sheqerin dhe përzieni mirë. Ziejeni mbi nxehtësi të lartë deri në 8 ºF mbi pikën e vlimit të ujit, ose derisa përzierja e pelte të bjerë në një fletë nga një lugë.

d) Hiqeni nga nxehtësia; hiqni shpejt shkumën. Hidhe pelte menjëherë në kavanoza konservimi të nxehtë, sterile në ¼ inç nga lart. Mbyllni dhe përpunoni për 5 minuta në një banjë me ujë të valë.

63. Reçeli i mollës pa pektinë të shtuar

PËRBËRËSIT:

- 8 gota mollë të prera hollë
- 1 portokall
- 1½ gote uje
- 5 gota sheqer
- 2 lugë gjelle lëng limoni

UDHËZIME:

a) Për të përgatitur fruta. Zgjidhni mollët e tortës. Lani, grijini, lani dhe thërrisni mollët. Fetë hollë. Ndani portokallin në katër katërsh, hiqni farat dhe grijeni shumë hollë.

b) Për të bërë Bllokim. Ngrohni ujin dhe sheqerin derisa sheqeri të tretet. Shtoni lëngun e limonit dhe frutat. Ziejeni me shpejtësi, përzieni vazhdimisht, deri në 9 °F mbi pikën e vlimit të ujit, ose derisa përzierja të trashet. Hiqeni nga nxehtësia; i skremuar.

c) Hidheni menjëherë në kavanoza konservimi të nxehta, sterile deri në ½ inç nga sipër. Vulë. Përpunoni 5 minuta në një banjë me ujë të valë.

64. Jelly ftua pa Pektin të shtuar

Bën: rreth katër kavanoza 8-ons

PËRBËRËSIT:
- 3 ¾ gota lëng ftua
- ⅓ filxhan lëng limoni
- 3 gota sheqer

UDHËZIME:
a) Për të përgatitur lëngun. Zgjidhni një proporcion prej rreth një të katërtës së ftua pak të pjekur dhe tre të katërtat e frutave plotësisht të pjekura. Renditni, lani dhe hiqni kërcellet dhe skajet e lulëzimit; mos e prish ose thelbin. Pritini ftua shumë hollë ose prisni në copa të vogla.

b) Shtoni ujin, mbulojeni dhe lëreni të vlojë në zjarr të lartë. Ulni nxehtësinë dhe ziejini për 25 minuta. Ekstraktoni lëngun.

c) Për të bërë pelte. Matni lëngun e ftua në një kazan. Shtoni lëngun e limonit dhe sheqerin. I trazojmë mirë. Ziejeni mbi nxehtësi të lartë deri në 8 °F mbi pikën e vlimit të ujit, ose derisa përzierja e pelte të formojë një fletë nga një lugë.

d) Hiqeni nga nxehtësia; hiqni shpejt shkumën. Hidhe pelte në kavanoza konservimi të nxehtë, sterile në ¼ inç nga sipër. Mbyllni dhe përpunoni për 5 minuta në një banjë me ujë të valë.

Reçelrat e freskëta

65. Bllokim me limonadë rozë Açaí

Bën: rreth ¾ filxhan

PËRBËRËSIT:
- 1 filxhan Pure Açaí
- ¼ filxhan sheqer kallami
- 2 lugë limonadë rozë
- Një majë kripë
- 3 lugë fara chia të bluara

UDHËZIME:

a) Përzieni Açaín, sheqerin, limonadën rozë dhe pak kripë në një tenxhere të vogël.

b) Lëreni të ziejë dhe gatuajeni për 10-15 minuta derisa të trashet pak.

c) Përzieni chia-n e bluar derisa të kombinohet mirë.

d) Lëreni të qëndrojë deri në temperaturën e dhomës, më pas transferojeni në një enë dhe vendoseni në frigorifer derisa të jeni gati për t'u përdorur.

66. Reçel me livando me luleshtrydhe

Bën: 1 grumbull

PËRBËRËSIT:
- 1 kile luleshtrydhe
- 1 kile Sheqer
- 24 Kërcelli i livandës
- 2 limonë, lëng prej

UDHËZIME:
a) Lani, thajini dhe qëroni luleshtrydhet.
b) Shtrojini në një tas me sheqer dhe 1 duzinë kërcell livando dhe vendosini në një vend të freskët gjatë gjithë natës.
c) Hidhni livandën dhe vendoseni përzierjen e manave në një tenxhere jo alumini.
d) Lidhni bishtat e mbetura të livandës së bashku dhe shtojini tek manaferrat.
e) Shtoni lëngun e limonit.
f) Gatuani derisa të vlojë, më pas ziejini për 25 minuta.
g) Hidhni çdo shkumë nga lart. Hidhni livandën dhe hidheni reçelin në kavanoza të sterilizuara. Vulë.

67. Shurupi i dorëzonjës

Bën: 1 porcion

PËRBËRËSIT:
- 4 kilogramë petale të freskëta dorëzonjë
- 8 litra ujë të vluar
- Sheqeri

UDHËZIME:
a) Futni petalet në ujë për 12 orë.
b) Lëreni mënjanë për disa orë.
c) Dekantoni dhe shtoni dyfishin e peshës së sheqerit dhe bëni një shurup.

68. Reçel me raven, trëndafil dhe luleshtrydhe

Bën: rreth 6 pintë

PËRBËRËSIT:
- 2 paund raven
- 1 kile luleshtrydhe
- ½ kile petale trëndafili me aromë të lartë
- 1 ½ kilogram sheqer
- 4 limonë me lëng, duke përfshirë farat, u lanë mënjanë

UDHËZIME:
a) Pritini raven në feta dhe shtrojini në një tas me luleshtrydhet e lëvruara dhe sheqerin. Hidhni lëngun e limonit, mbulojeni dhe lëreni brenda natës.

b) Hidheni përmbajtjen e tasit në një tigan jo reaktiv. Shtoni farat e limonit të lidhura në një qese muslin dhe lërini butësisht të ziejnë. Ziejeni për 2 minuta, më pas derdhni përmbajtjen e tiganit përsëri në enë. Mbulojeni dhe lëreni në një vend të freskët gjatë natës edhe një herë.

c) Përzierjen e ravenit dhe luleshtrydhes e vendosni sërish në tigan.

d) Hiqni majat e bardha nga bazat e petaleve të trëndafilit dhe shtoni petalet në tigan duke i shtyrë mirë poshtë mes frutave.

e) Lëreni të vlojë dhe zieni me shpejtësi derisa të arrihet pika e fiksimit, më pas hidheni në kavanoza të sterilizuara të ngrohta.

f) Vulosni dhe përpunoni.

69. Shurupi i myshkut të mollës

Bën: 4

PËRBËRËSIT:
- ½ filxhan mjaltë lulesh të egra
- 32 ons mollë me lëng
- 1 lugë gjelle xhel myshku deti
- Gjysmë lime me lëng

UDHËZIME:
a) Hidheni lëngun e mollës përmes një sitë rrjetë të imët dhe në një tenxhere të vogël në sobën tuaj. Vendoseni temperaturën e sobës në mesatare-të lartë.
b) Shtoni mjaltin dhe përzieni derisa të përzihet
c) Rregulloni temperaturën e sobës deri në pikën ku lëngu po flluskojë pa spërkatje të forta
d) Shtoni përbërësit e mbetur dhe vazhdoni të përzieni.
e) Ndërsa lëngu zvogëlohet dhe përmbajtja bëhet më e përqendruar, mund t'ju duhet të përshtateni në një temperaturë më të ulët.
f) Lëreni të gatuhet në sobë derisa të mbetet ⅓ deri në ¼ e lëngut fillestar.
g) Për të testuar konsistencën, vendosni 1-3 lugë gjelle në një tas të vogël qelqi dhe vendoseni në frigorifer për 30 sekonda deri në 1 minutë.
h) Duke përdorur një kruese dhëmbësh ose gisht të pastër, prekni lëngun dhe ngrini ngadalë gishtin.
i) Ajo që kërkoni është konsistenca sa më afër mjaltit.
j) Sa më shumë të mbetet për t'u gatuar, aq më e trashë është konsistenca. Ju vendosni sa të hollë apo të trashë e dëshironi
k) Pasi lëngu të jetë zier dhe të keni arritur konsistencën e dëshiruar, fikeni sobën dhe lëreni të ftohet për rreth 10 minuta. Lëngu duhet të jetë ende shumë i nxehtë, por jo i vluar.
l) Kullojeni lëngun përmes një sitë rrjetë të imët në një kavanoz murature.
m) Vendosni kapakun në kavanoz dhe lëreni të ftohet.

70. Salca e mollës me myshk deti

Bën: 4

PËRBËRËSIT:
- 10 mollë organike, të lara dhe të qëruara
- 2 lugë çaji me shije të preferuar
- 2,5 gota ujë
- Opsionale: shurup panje

UDHËZIME:
a) Pritini mollët dhe ndajini në 2 tasa. Çdo tas do të përmbajë afërsisht 3.5 gota mollë.
b) Përgatitni 2 enë çaji duke përdorur 2,5 gota ujë dhe 2 lugë çaji për çdo tenxhere.
c) Kullojeni çajin dhe kthejeni lëngun në tenxhere me flakë/nxehje të ulët.
d) Shtoni 3 ½ gota mollë të prera përafërsisht në secilën tenxhere.
e) Ziejini derisa mollët të jenë të buta dhe të mund të kalohen ose grihen me lehtësi.
f) Pasi mollët janë gati, ndizni flakën dhe zieni lëngun e tepërt.
g) Pasi lëngu të jetë zvogëluar në mënyrë që të jetë 50% e numrit të mollëve në tenxhere, përdorni një blender ose blender dhe përzieni.
h) Salca juaj e mollës duhet të jetë e ëmbël më vete, por meqenëse çdo korrje nuk është e njëjtë, mollët mund të kenë nevojë për ndihmë. Në këtë rast, shtoni pak shurup panje derisa të ngopet.
i) Hidhni me lugë ose hidheni në kavanoza qelqi të pastër e të sterilizuar.
j) Lëreni të ftohet.
k) Pasi të ftohet, mbulojeni dhe vendoseni në frigorifer.
l) Kur të vijë koha për t'u servirur, hidhni 2 lugë gjelle myshk deti të përgatitur në salcën e mollës dhe përzieni dhe shijoni.

71. Açaí-Chia Bllokim

Bën: rreth ¾ filxhan

PËRBËRËSIT:

- Pure Açaí
- ¼ filxhan sheqer kallami
- 2 lugë gjelle lëng limoni
- Një majë kripë
- 3 lugë fara chia të bluara

UDHËZIME:

a) Përzieni Açaín, sheqerin, lëngun e limonit dhe pak kripë në një tenxhere të vogël. Lëreni të ziejë dhe gatuajeni për 10-15 minuta derisa të trashet pak.

b) Përzieni chia-n e bluar derisa të kombinohet mirë. Lëreni të qëndrojë deri në temperaturën e dhomës, më pas transferojeni në një enë dhe vendoseni në frigorifer derisa të jeni gati për t'u përdorur.

REZELIMI I NGRIRËSIT

72. Reçel ngrirës me luleshtrydhe

Bën: 3 paund

PËRBËRËSIT:
- 1¼ paund (600 g) luleshtrydhe të freskëta
- 2 paund Sheqer pluhur
- 3 lugë gjelle (50 ml) lëng limoni
- ½ shishe me pektin të lëngshëm

UDHËZIME:
a) Thërrmoni luleshtrydhet në një tas të madh me një lugë druri.
b) Hidhni sheqerin dhe lëreni të qëndrojë në një kuzhinë të ngrohtë për rreth 1 orë, duke e përzier herë pas here derisa sheqeri të tretet.
c) Shtoni Pektinën e Lëngshme dhe përzieni mirë.
d) Shtoni lëngun e limonit dhe vazhdoni të përzieni për 2 minuta.
e) Hidheni në enë të vogla, mbulojeni mirë. Lëreni të qëndrojë në një vend të ngrohtë për 48 orë dhe më pas ngrini.

73. Reçel kivi

PËRBËRËSIT:
- 1¼ paund (550 g) fruta kivi
- 2 paund sheqer (mundësisht kallëp)
- ½ shishe me pektin të lëngshëm
- 2 lugë (30 ml) lëng limoni

UDHËZIME:
a) Qëroni frutat hollë dhe hiqni pjesën e fortë në fund të kërcellit.
b) Thërrmoni frutat tërësisht dhe përzieni me sheqerin.
c) Lëreni në një kuzhinë të ngrohtë për 1 orë duke e përzier herë pas here.
d) Shtoni pektinën e lëngshme dhe përzieni plotësisht.
e) Shtoni lëngun e limonit dhe përzieni për 2 minuta që të përzihet plotësisht.
f) Transferoni në enë të vogla të përshtatshme ngrirëse, duke lënë vend për zgjerim.
g) Mbulojeni me fletë ngrirëse ose film ngjitës.
h) Lëreni të qëndrojë në një kuzhinë të ngrohtë për 24 - 48 orë, më pas ngrini.

74. Reçel me mjedër / rrush pa fara të zezë

Bën: 3 paund

PËRBËRËSIT:
- 1¼ paund (600 g) Mjedra ose rrush pa fara të zeza
- 2 paund Sheqer pluhur
- 2 lugë gjelle (30 ml) lëng limoni ½ shishe me pektinë të lëngshme

UDHËZIME:

a) Thërrmoni mjedrat: nëse përdorni rrush pa fara të zeza, vendosini në një likuidizues në rregullim të pulsit dhe përdorni breshëri të shkurtra për të thyer lëkurat. Hidhini në një enë me sheqerin dhe përzieni mirë.

b) Lëreni të qëndrojë në një kuzhinë të ngrohtë për rreth 1 orë, duke e përzier herë pas here derisa sheqeri të tretet.

c) Shtoni pektinën e lëngshme dhe përzieni për 2 minuta.

d) Shtoni lëngun e limonit dhe vazhdoni të përzieni për 2 minuta.

e) Hidheni në enë të vogla, mbulojeni mirë. Lëreni të qëndrojë në një vend të ngrohtë për 48 orë dhe më pas ngrini.

Reçelrat TRADICIONALE

75. Mollë & Xhenxhefil

Bën: 5 paund

PËRBËRËSIT:
- 3 paund Mollë Gatimi
- 3 paund Sheqer
- 1½ pintë (850 ml) ujë
- 1 oz (30 g) xhenxhefil me rrënjë të mavijosur në një qese muslin
- 2 oz (55 g) xhenxhefil të kristalizuar të copëtuar
- ½ shishe me pektin të lëngshëm

UDHËZIME:
a) Qëroni dhe thërrmoni mollët, lëvoren dhe bërthamat i vendosim në një tenxhere me ujë, i lëmë të vlojnë dhe i ziejmë për 10 minuta, i shtypim dhe i kullosim.

b) Pritini mollët në feta, vendosini në një tenxhere të madhe me lëngun e kulluar, varni xhenxhefilin dhe ziejini butësisht derisa mollët të zbuten.

c) Shtoni sheqerin tek mollët e ziera dhe ngroheni ngadalë, duke i përzier herë pas here derisa sheqeri të tretet.

d) Shtoni xhenxhefilin e kristalizuar, lëreni të ziejë plotësisht dhe ziejini shpejt për 2 minuta.

e) E heqim nga zjarri, e nxjerrim qesen e muslinit dhe e përziejmë me pektinën e lëngshme.

f) Përziejini dhe skremoni në mënyrë alternative për tetë minuta për të ftohur dhe për të parandaluar lundrimin e frutave.

g) Tenxhere dhe mbulojeni në mënyrën e zakonshme.

76. Reçel kajsie

Bën: 5 paund

PËRBËRËSIT:
- 2 kilogramë kajsi (të pjekura)
- 3 paund Sheqer
- ½ shishe me pektin të lëngshëm

UDHËZIME:
a) Pritini kajsitë në copa të vogla dhe grijini mirë. Mos e qëroni.
b) Vendosni frutat në një tigan me sheqerin, ngrohni butësisht duke i përzier herë pas here derisa sheqeri të tretet.
c) Sillni shpejt një valë të plotë dhe ziejini shpejt për 1 minutë, duke e përzier herë pas here.
d) Hiqeni nga zjarri dhe përzieni Pektinën e Lëngshme.
e) Skroni, tenxhere dhe mbulojeni në mënyrën e zakonshme.

77. Apple & Blackberrybllokim

Bën: 8 paund

PËRBËRËSIT:
- 2 kilogramë Mollë të përgatitura
- 5 paund (2.3 kg) Sheqer
- 1½ paund (700 g) Lëng manaferrash nga 1 Limon
- 1 shishe me pektin të lëngshëm

UDHËZIME:
a) Pritini dhe qëroni mollët, pritini në copa të vogla dhe vendosini në një tenxhere të madhe me ¼ litër ujë.
b) Lërini të vlojnë dhe ziejini për 15 minuta.
c) Thërrmoni manaferrat tërësisht dhe vendosini në një tigan tjetër me 4 lugë gjelle (60 ml)
d) të ujit.
e) Ziejini për 10-15 minuta.
f) Vendoseni në një leckë pelte dhe lëreni lëngun të kullojë. Matni dhe shtoni ujë, nëse është e nevojshme, për të bërë 1 litër (570 ml).
g) Shtoni në tulin e mollës me sheqer dhe lëng limoni.
h) Ngroheni ngadalë derisa sheqeri të jetë tretur, duke e përzier vazhdimisht.
i) Sillni një valë të plotë dhe vlim për
j) 2 minuta.
k) Hiqeni nga zjarri dhe përzieni Pektinën e Lëngshme.
l) Skroni, tenxhere dhe mbulojeni në mënyrën e zakonshme.

78. Reçel me Rrush të Zi dhe Verë Porti

Bën: 7 paund

PËRBËRËSIT:
- 4 paund (1,8 kg) Rrush i zi 4½ paund (2,1 kg) Sheqer
- ¼Pintë Ujë Lëng 1 Limon
- 3 lugë gjelle (950 ml) Port Wine
- 1 shishe me pektin të lëngshëm

UDHËZIME:
a) Duke përdorur vetëm rrush të pjekur plotësisht, lani frutat dhe hiqni kokrrat.
b) Vendoseni në një tigan me ujë dhe ziejini derisa të zbuten (rreth 15 minuta).
c) Shtoni lëngun e limonit dhe sheqerin.
d) Lëreni të vlojë plotësisht dhe ziejini shpejt për 5 minuta.
e) Hiqeni nga zjarri dhe skremoni nëse është e nevojshme. Shtoni pektinën e lëngshme dhe verën e portit.
f) Lëreni të ftohet pak për të mos lejuar që fruti të notojë.
g) Tenxhere dhe mbulojeni në mënyrën e zakonshme.

79. Reçel me manaferra

Bën: 5 paund

PËRBËRËSIT:
- 2 paund Manaferra
- 3 paund Sheqer
- ½ shishe me pektin të lëngshëm

UDHËZIME:
a) Përdorni vetëm fruta plotësisht të pjekura. Thërrmoni tërësisht.
b) Frutat e përgatitura dhe sheqeri i vendosim në një tenxhere të madhe, i përziejmë mirë dhe i ngrohim lehtë derisa të tretet sheqeri.
c) Lëreni të vlojë plotësisht dhe ziejini mbi nxehtësinë më të nxehtë.
d) Përziejini vazhdimisht para dhe gjatë zierjes.
e) Ziejeni fort për 2 minuta.
f) Hiqeni nga zjarri dhe përzieni Pektinën e Lëngshme.
g) Skroni dhe përzieni me radhë për vetëm 5 minuta.
h) Ftoheni pak për të mos lejuar që frutat të notojnë.
i) Tenxhere dhe mbulojeni në mënyrën e zakonshme.

80. Reçeli i rrushit të zi

Bën: 5 paund

PËRBËRËSIT:
- 2 paund rrush pa fara të zeza
- 3¼ paund Sheqer
- ½ litër ujë
- ½ shishe me pektinë të lëngshme

UDHËZIME:
a) Sipër, bishti dhe lani frutat.

b) Thërrmoni mirë dhe vendosni frutat në një tenxhere të madhe me ujë, lërini të vlojnë dhe ziejnë të mbuluara për 15 minuta ose derisa lëkurat të jenë të buta.

c) Shtoni sheqerin, përzieni mirë dhe ngrohni butësisht derisa sheqeri të jetë tretur.

d) Lëreni të vlojë plotësisht dhe ziejini shpejt për 1 minutë, duke e përzier herë pas here.

e) Hiqeni nga zjarri dhe përzieni Pektinën e Lëngshme - skremoni nëse është e nevojshme.

f) Tenxhere dhe mbulojeni në mënyrën e zakonshme.

81. Reçel i konservuar me kajsi dhe ananas

Bën: 5 paund

PËRBËRËSIT:
- 2 kanaçe x 15 oz Gjysma Kajsi
- 3 paund Sheqer
- 2 x 16 oz unaza ananasi
- Lëng 1 limoni 1 shishe me pektinë të lëngshme

UDHËZIME:
a) Kulloni frutat, grini imët unazat e ananasit dhe kajsitë.
b) Vendosni frutat në një tigan, shtoni sheqerin dhe lëngun e limonit.
c) Ngroheni ngadalë derisa të tretet i gjithë sheqeri, duke e përzier vazhdimisht.
d) Lëreni të vlojë plotësisht dhe ziejini fort për 2 minuta.
e) Hiqeni nga zjarri dhe përzieni Pektinën e Lëngshme.
f) Skuqeni reçelin dhe më pas përzieni. Lëreni të ftohet pak.
g) Hidheni shpejt në kavanoza të pastra, mbylleni dhe mbulojeni në mënyrën e zakonshme.

82. Reçel vishnje

Bën: 5 paund

PËRBËRËSIT:
- 2.5 paund Qershi me gurë
- 3 paund Sheqer
- ¼ Pintë Ujë
- 3 lugë lëng limoni
- 1 shishe me pektin të lëngshëm

UDHËZIME:
a) Ziejini qershitë në ujë dhe lëngun e limonit në një tigan të mbuluar për 15 minuta.
b) Transferoni në një tigan vërtet të madh përpara se të shtoni sheqerin.
c) Shtoni sheqerin dhe ngrohni butësisht, duke e përzier herë pas here derisa sheqeri të tretet.
d) Lëreni të vlojë plotësisht dhe ziejini shpejt për 1 – 2 minuta.
e) Hidhni pektinën e lëngshme dhe vazhdoni zierjen për 1 minutë.

f) Hiqeni nga zjarri, skremoni, nëse është e nevojshme, ftoheni pak, tenxheren dhe mbulojeni në mënyrën e zakonshme.

83. Bllokim Damson

Bën: 5 paund

PËRBËRËSIT:
- 2 £ ½ Fruta
- 3¼ paund Lëng sheqeri nga 1 limon
- ½ litër ujë
- ½ shishe me pektinë të lëngshme

UDHËZIME:
a) Lani frutat dhe vendosini në një tigan me ujë.
b) E trazojmë derisa masa të vlojë.
c) Mbulojeni dhe ziejini për 15 minuta.
d) Shtoni sheqerin dhe lëngun e limonit, përziejini mirë.
e) Sillni një valë të plotë në nxehtësinë më të nxehtë.
f) Shtoni një copë të vogël gjalpë.
g) Përziejini vazhdimisht para dhe gjatë zierjes.
h) Ziejeni fort për 1 minutë.
i) Hiqeni nga zjarri, përzieni Pektinën e Lëngshme.
j) Skrojini për të hequr llumrat dhe çdo gurë.
k) Hidheni shpejt dhe mbulojeni.

84. Reçel fiku i freskët

Bën: 5 paund

PËRBËRËSIT:
- 2 kilogramë Fiq të pjekur
- 3.5 kilogramë sheqer
- Lëng nga 2 Limon
- 1 shishe me pektin të lëngshëm

UDHËZIME:
a) Vendosni fiqtë në një tigan të madh lëngun e 2 limonëve, 2 kilogramë fiq dhe 3 ½ kilogramë sheqer.
b) Përziejini mirë dhe ngroheni ngadalë derisa të tretet sheqeri.
c) Sillni një valë të plotë, duke e përzier vazhdimisht.
d) Ziejeni fort për 1 minutë, më pas hiqeni nga zjarri dhe përzieni Pektinën e Lëngshme.
e) Skroni, tenxhere dhe mbulojeni në mënyrën e zakonshme.

85. Bllokim xhenxhefil

Bën: 5 paund

PËRBËRËSIT:
- 1 kile Xhenxhefil me rrënjë
- 3 paund Sheqer
- 6 lugë lëng limoni
- 1 shishe me pektin të lëngshëm

UDHËZIME:
a) Qëroni xhenxhefilin dhe priteni në kube ¼" (6 mm).
b) Mbulojeni me ujë të ftohtë, lëreni të vlojë, ziejini për 5 minuta më pas kullojini.
c) Mbulojeni me ujë të freskët të ftohtë, lëreni të vlojë, ziejini për 5 – 10 minuta. Kullojini mirë.
d) Transferoni në një tigan vërtet të madh, shtoni sheqer dhe 400 ml ujë dhe lëng limoni. Ngroheni deri në valë me përzierje, ziejini për 5 minuta dhe lëreni të ftohet për disa orë ose gjatë natës.
e) Shtoni një pullë të vogël gjalpë për të parandaluar shkumëzimin, lëreni të ziejë plotësisht dhe ziejeni sa më shpejt të jetë e mundur për 2 minuta. Hiqeni nga zjarri.
f) Përzieni Pektinën e Lëngshme. Lëreni të ftohet duke e përzier herë pas here për 5-10 minuta deri në pikën e ngurtësimit.
g) Hidheni në kavanoza të ngrohta dhe mbulojeni në mënyrën e zakonshme.

86. Reçel me patëllxhanë

Bën: 5 paund

PËRBËRËSIT:
- 2 paund manaferra
- 3 ½ paund Sheqer
- ¼ Pintë Ujë
- ½ shishe me pektin të lëngshëm

UDHËZIME:
a) Sipër, bishti dhe lani patëllxhanët. Në një tigan me ujë vendosim patëllxhanët, i lëmë të vlojnë dhe i ziejmë të mbuluara për 15 minuta ose derisa lëkurat të jenë të buta, duke i trazuar herë pas here.

b) Shtoni sheqerin dhe ngroheni ngadalë derisa sheqeri të jetë tretur, duke e përzier herë pas here.

c) Sillni shpejt një valë të plotë dhe ziejini shpejt për 2 minuta, duke e përzier herë pas here.

d) Hiqeni nga zjarri dhe përzieni Pektinin e Lëngshëm - skremoni nëse është e nevojshme.

e) Lëreni të ftohet pak, tenxhere dhe mbulojeni në mënyrën e zakonshme.

87. Reçel kivi

Bën: 5 paund

PËRBËRËSIT:
- 2 paund Fruta Kivi
- 3 ½ paund Sheqer
- ½ shishe me pektin të lëngshëm

UDHËZIME:
a) Qëroni frutat hollë, duke hequr pjesën e fortë në fund të kërcellit.
b) Thërrmoni frutat tërësisht dhe përzieni me sheqerin.
c) Transferoni në një tigan të madh dhe ngrohni butësisht derisa të tretet i gjithë sheqeri.
d) Ngroheni me shpejtësi deri në valë dhe zieni (një çiban i plotë) për 2 minuta.
e) Hiqeni nga zjarri dhe përzieni Pektinën e Lëngshme duke e përzier mirë.
f) Lëreni të ftohet për 2 deri në 3 minuta dhe vendoseni në tenxhere në mënyrën e zakonshme.

88. Marrow & Xhenxhefil Reçel

Bën: 5 paund

PËRBËRËSIT:
- 1 Palca
- 3¼ paund Sheqer
- 4 lugë ujë
- Lëng nga 1 Limon
- 2 oz xhenxhefil me rrënjë të mavijosur
- 4 oz xhenxhefil të kristalizuar të copëtuar
- 1 shishe me pektin të lëngshëm

UDHËZIME:
a) Qëroni palcën duke hedhur lëkurën dhe farat, priteni imët.
b) Vendoseni palcën në një tigan me ujë dhe ziejini të mbuluara për 20 minuta.
c) Xhenxhefili me rrënjë duhet të lidhet në një qese muslin dhe të vendoset në një tigan së bashku me sheqerin, palcën e gatuar, xhenxhefilin e grirë të kristalizuar dhe lëngun e limonit; përzieni mirë dhe ngrohni butësisht, duke e përzier herë pas here, derisa sheqeri të tretet.
d) Lëreni të vlojë plotësisht dhe ziejini për 2 minuta.
e) E heqim nga zjarri, e nxjerrim qesen e muslinit dhe e përziejmë me pektinën e lëngshme.
f) Lëreni të ftohet për të mos lejuar që fruti të notojë. Tenxhere dhe mbulojeni në mënyrën e zakonshme.

89. Reçel me fruta të përziera

Bën: 5 paund

PËRBËRËSIT:
- ½ paund (225 g) Pjeshkë të thata
- 4 paund (1.7 kg) Sheqer
- ½ Pintë (285 ml) ujë
- ½ paund (225 g) dardha
- 1½ paund (700 g) mollë
- ⅛ Pintë (75 ml) ujë
- ½ shishe me pektinë të lëngshme

UDHËZIME:
a) Thithni pjeshkët e thata në ujë për të paktën 4 orë.
b) Qëroni dhe bërthama mollët dhe dardhat dhe pritini në feta. Vendosini në një tigan me pjeshkët dhe ujin.
c) Mbulojeni dhe ziejini butësisht derisa të zbuten (rreth 15 minuta).
d) Shtoni sheqerin, përzieni derisa të treten.
e) Lëreni të vlojë plotësisht dhe ziejini fort për 2 minuta.
f) Hiqeni nga zjarri dhe përzieni Pektinën e Lëngshme.
g) Skremoni nëse është e nevojshme. Tenxhere dhe mbulojeni në mënyrën e zakonshme.

90. Reçel pjeshke

Bën: 5 paund

PËRBËRËSIT:
- 2¼ paund (1 kg) pjeshkë
- 3¼ paund Sheqer
- 1 shishe me pektin të lëngshëm

UDHËZIME:
a) Qëroni dhe gurë pjeshkët, copëtoni mishin.
b) Nëse frutit i mungon shija ose shija, shtoni lëngun e 1 limoni.
c) Hidhni sheqerin dhe frutat e përgatitura në një tenxhere të madhe dhe ngrohni butësisht derisa sheqeri të jetë tretur.
d) Lëreni të vlojë plotësisht dhe ziejini fort për 1 minutë.
e) Hiqeni nga zjarri dhe përzieni Pektinën e Lëngshme.
f) Skroni, tenxhere dhe mbulojeni në mënyrën e zakonshme.

91. Reçel dardhe dhe xhenxhefil

Bën: 5 paund

PËRBËRËSIT:
- 3 kilogramë Dardha të përgatitura dhe të prera në kubikë
- 3¼ paund Sheqer
- ½ litër ujë
- Lëng nga 2 Limon
- Lëkura e grirë e 1 limoni
- 1 lugë çaji me xhenxhefil
- 2 oz xhenxhefil i kristalizuar (i prerë në kube)
- 1 shishe me pektin të lëngshëm

UDHËZIME:
a) Ziejini dardhat në ujë derisa të zbuten.
b) 2 Shtoni sheqerin, lëngun e limonit, lëkurën dhe xhenxhefilin, përzieni në zjarr të butë derisa sheqeri të tretet.
c) Lëreni të vlojë dhe ziejini shpejt për 2 minuta.
d) Hiqeni nga zjarri dhe përzieni Pektinën e Lëngshme.
e) Ziejini edhe 1 minutë.
f) Lëreni të ftohet për 10-15 minuta.
g) Tenxhere dhe mbulojeni në mënyrën e zakonshme.

92. Reçel ananasi

Bën: 4 paund

PËRBËRËSIT:
- 1 ½ paund (0,7 kg) ananas të përgatitur
- 3 paund Sheqer
- 1 litër ujë (300 ml)
- 1 Limon
- 1 shishe me pektin të lëngshëm

UDHËZIME:
a) Përgatitni frutat, shtypni mirë dhe vendoseni në një tigan të madh.

b) Shtoni ujin, ngroheni ngadalë dhe gatuajeni derisa të zbutet - rreth 30 minuta.

c) Shtojmë sheqerin dhe lëngun e 1 limoni, i përziejmë mirë dhe e ngrohim ngadalë derisa sheqeri të tretet, duke e përzier herë pas here.

d) Lëreni të vlojë plotësisht dhe ziejini shpejt për 2 minuta.

e) Hiqeni nga zjarri, shtoni Pektinën e Lëngshme dhe lëreni të ftohet për 20 minuta për të parandaluar lundrimin e frutave.

f) Skroni, tenxhere dhe mbulojeni në mënyrën e zakonshme.

93. Reçel kumbulle

Bën: 10 paund

PËRBËRËSIT:
- 5 paund (2.3 kg) kumbulla
- 6 ½ paund (3 kg) Sheqer
- ½ litër ujë
- ½ shishe me pektinë të lëngshme

UDHËZIME:
a) Lani kumbullat, pritini në copa, duke hequr aq gurë sipas dëshirës.
b) Hidhni frutat dhe ujin në një tigan të madh.
c) Lërini të vlojnë duke e përzier vazhdimisht.
d) Mbulojeni dhe ziejini për 15 minuta.
e) Shtoni sheqerin, ngrohni ngadalë derisa sheqeri të jetë tretur, duke e përzier vazhdimisht, më pas lëreni të ziejë plotësisht.
f) Ziejeni fort për 2 minuta, duke e përzier herë pas here, më pas hiqeni nga zjarri dhe përzieni Pektinën e Lëngshme.
g) Skuqeni, nëse është e nevojshme, tenxhere dhe mbulojeni në mënyrën e zakonshme.

94. Reçel me ftua

Bën: 4 kilogramë e gjysmë

PËRBËRËSIT:
- 3 paund Fto
- 3 paund Sheqer
- 1 Limon
- ½ shishe me pektin të lëngshëm

UDHËZIME:
a) Qëroni dhe thërrisni ftua (përdorni fruta plotësisht të pjekura). Pritini sa më imët.
b) Shtoni ½ linte (240 ml) ujë dhe lëngun e 1 limoni.
c) Lëreni të vlojë dhe mbulojeni dhe ziejini për 15 minuta.
d) Matni sheqerin dhe 2 ½ paund (1.1 kg) fruta të përgatitura në një tigan të madh dhe përzieni mirë. Ngroheni ngadalë derisa sheqeri të jetë tretur.
e) Sillni një valë të plotë. Përziejini vazhdimisht, para dhe gjatë zierjes.
f) Ziejeni fort për 1 minutë.
g) Hiqeni nga zjarri dhe përzieni Pektinën e Lëngshme.
h) Skroni, tenxhere dhe mbulojeni në mënyrën e zakonshme.

95. Loganberry Ose Tayberry Bllokim

Bën: 7 paund

PËRBËRËSIT:
- 4 paund (1.8 kg) fruta
- 5 ½ paund (2.5 kg) Sheqer
- 1 shishe me pektin të lëngshëm

UDHËZIME:
a) Thërrmoni manaferrat dhe vendosini në një tigan me sheqer.
b) Ngroheni butësisht, duke e përzier herë pas here derisa sheqeri të tretet.
c) Sillni shpejt një valë të plotë dhe ziejini shpejt për 2 minuta, duke e përzier herë pas here.
d) Hiqeni nga zjarri dhe përzieni Pektinën e Lëngshme. Skremoni nëse është e nevojshme.
e) Lëreni të ftohet për të mos lejuar që fruti të notojë. Tenxhere dhe mbulojeni në mënyrën e zakonshme.

96. Reçel me mjedër

Bën: 8 paund

PËRBËRËSIT:
- 4 paund (1.8 kg) mjedra
- 5½ paund (2.5 kg) Sheqer
- 1 shishe me pektin të lëngshëm

UDHËZIME:
a) Thërrmoni manaferrat dhe vendosini në një tigan me sheqer.
b) Ngroheni butësisht, duke e përzier herë pas here derisa sheqeri të tretet.
c) Sillni shpejt një valë të plotë dhe ziejini shpejt për 2 minuta, duke e përzier herë pas here.
d) Hiqeni nga zjarri dhe përzieni Pektinën e Lëngshme. Skremoni nëse është e nevojshme.
e) Lëreni të ftohet për të mos lejuar që fruti të notojë. Tenxhere dhe mbulojeni në mënyrën e zakonshme.

97. Reçel me raven dhe xhenxhefil

Bën: 5 paund

PËRBËRËSIT:
- 3 kilogramë Raven e përgatitur
- 3 paund Sheqer
- ¼ Pintë Ujë
- 1 oz (30 g) xhenxhefil me rrënjë të mavijosur
- 1 shishe me pektin të lëngshëm

UDHËZIME:
a) Pritini imët raven por mos e qëroni.

b) Matni sheqerin në një tenxhere të madhe dhe shtoni 3 kilogramë raven të përgatitur dhe ujin.

c) Shtoni 1 oz xhenxhefil me rrënjë të mavijosur të lidhur në një qese muslin.

d) Përziejini mirë dhe silleni shpejt në një valë të plotë.

e) Ziejeni fort për 3 minuta. Hiqeni nga zjarri dhe përzieni Pektinën e Lëngshme.

f) Hiqni rrënjën e xhenxhefilit në qesen e muslinit.

g) Skrem, tenxhere dhe mbulojeni.

98. Reçel luleshtrydhe

Bën: 5 paund

PËRBËRËSIT:
- 2¼ paund (1 kg) Luleshtrydhe
- 3 paund Sheqer
- 3 lugë lëng limoni
- ½ shishe me pektin të lëngshëm

UDHËZIME:

a) Përgatitni frutat, shtypni mirë dhe vendosni në një tigan me sheqer dhe lëng limoni.

b) Ngroheni ngadalë, derisa sheqeri të jetë tretur, duke e përzier herë pas here. Shtoni një pullë të vogël gjalpë ose margarinë.

c) Lëreni të vlojë plotësisht dhe ziejini shpejt për 2 minuta.

d) Hiqeni nga zjarri, shtoni Pektinën e Lëngshme dhe lëreni të ftohet për 20 minuta për të parandaluar lundrimin e frutave.

e) Skroni, tenxhere dhe mbulojeni në mënyrën e zakonshme.

99. Reçel luleshtrydhe (e tërë)

Bën: 5 paund

PËRBËRËSIT:
- 2¼ paund (1 kg) luleshtrydhe të vogla
- 3 paund (1.4 g) sheqer
- 3 lugë gjelle (50 ml)
- Lëng limoni (1 limon i madh)
- ½ shishe me pektin të lëngshëm

UDHËZIME:
a) Përgatisni frutat dhe vendosini në tigan me lëngun e limonit dhe sheqerin.
b) Qëndroni për 1 orë, duke e përzier herë pas here.
c) Ngroheni ngadalë, derisa sheqeri të jetë tretur, duke e përzier herë pas here.
d) Shtoni një pullë të vogël gjalpë ose margarinë.
e) Lëreni të vlojë plotësisht dhe ziejini shpejt për 2 minuta.
f) Hiqeni nga zjarri, shtoni Pektinën e Lëngshme dhe lëreni të ftohet për 20 minuta për të parandaluar lundrimin e frutave.
g) Skroni, tenxhere dhe mbulojeni në mënyrën e zakonshme.

100. Reçel luleshtrydhe dhe raven

Bën: 5 paund

PËRBËRËSIT:
- 1 kile Raven
- 1 kile luleshtrydhe
- 3¼ paund (1.7 kg) Sheqer
- ¼ Pintë Ujë
- 1 lugë çaji Bikarbonat Sode
- ½ shishe me pektin të lëngshëm

UDHËZIME:
a) Lani ravenin dhe prisni imët. Mos e qëroni.
b) Thërrmoni mirë luleshtrydhet.
c) Vendosni frutat në një tenxhere me ujë, lërini të vlojnë duke i përzier vazhdimisht. Ziejini të mbuluara për 15 minuta.
d) Matni 2 litra (1130 ml) fruta të gatuara në një tenxhere të madhe duke e plotësuar sasinë me ujë nëse është e nevojshme.
e) Shtoni sheqerin, ngrohni butësisht derisa sheqeri të jetë tretur, duke e përzier herë pas here.
f) Lëreni të vlojë plotësisht dhe ziejini shpejt për 2 minuta.
g) Hiqeni nga zjarri dhe përzieni Pektinën e Lëngshme.
h) Përziejini dhe skremoni në mënyrë alternative për 5 minuta që të ftohen dhe të parandaloni që frutat të lundrojnë.
i) Tenxhere dhe mbulojeni në mënyrën e zakonshme.

PËRFUNDIM

Faleminderit për ofrimin e kontekstit shtesë. Ja një përfundim i mundshëm më i gjatë për faqen e fundit të Libri i gatimit i fundit i Bllokim me 100 receta:

Urime për arritjen në faqen e fundit të Libri i gatimit i fundit i Bllokim, një udhëzues gjithëpërfshirës për përgatitjen e reçelit shtëpiak. Jemi të entuziazmuar që keni vendosur të filloni këtë udhëtim për të bërë bllokime me ne dhe shpresojmë që të keni shijuar eksplorimin e shumë recetave të shijshme të përfshira në këtë libër.

Siç e keni parë, bërja e reçelit tuaj mund të jetë një përvojë shpërblyese dhe e kënaqshme. Ka diçka të veçantë për marrjen e frutave të freskëta, të stinës dhe shndërrimin e tyre në një përhapje që mund të shijohet gjatë gjithë vitit. Nëse jeni duke kërkuar të rezervoni qilarin tuaj me shije klasike si luleshtrydhet dhe mjedrën ose jeni të etur të eksperimentoni me kombinime më unike si boronica-livando ose balsamik fiku, recetat në këtë libër do t'ju ndihmojnë të arrini qëllimet tuaja për të bërë reçel. .

Gjatë gjithë librit të gatimit Bllokim, ne kemi ndarë pasionin tonë për reçelrat dhe kemi dhënë udhëzime hap pas hapi për t'ju ndihmuar të arrini rezultate perfekte çdo herë. Nga zgjedhja e frutave të duhura deri te zotërimi i artit të pjelljes, ne kemi mbuluar gjithçka që ju duhet të dini për të bërë reçelra të shijshme dhe me cilësi të lartë në kuzhinën tuaj.

Por më shumë sesa thjesht t'ju ofrojë receta dhe teknika, shpresojmë që ky libër t'ju ketë frymëzuar gjithashtu që të bëheni kreativ me përgatitjen e reçelit. Ne kemi përfshirë këshilla për çiftimin e shijeve dhe ju inkurajuam të eksperimentoni me fruta, barishte dhe erëza të ndryshme për të krijuar përzierjet tuaja unike. Pavarësisht nëse po i shtoni një spërkatje uiski reçelit tuaj të pjeshkës ose i mbushni konservat tuaja me luleshtrydhe me borzilok, mundësitë për kombinime shijesh janë të pafundme.

Ndërsa ecni përpara në udhëtimin tuaj për të bërë bllokime, ne ju inkurajojmë të argëtoheni dhe të shijoni procesin. Bërja e reçelit është një mënyrë e mrekullueshme për t'u lidhur me stinët, për të festuar bujarinë e tokës dhe për të ndarë frytet e punës suaj me të tjerët. Shpresojmë që ky libër t'ju ketë ndihmuar të bëni të gjitha këto gjëra dhe se recetat dhe teknikat që keni mësuar do t'ju shërbejnë mirë në vitet në vijim.

Falemnderit që zgjodhët librin e gatimit me Bllokim si udhëzuesin tuaj për reçelrat e bëra vetë. Ju urojmë shumë orë të lumtura në kuzhinë dhe shumë kavanoza të shijshme me reçel për t'i ndarë me të dashurit tuaj. Gëzuar bërjen e reçelit!

Ingram Content Group UK Ltd.
Milton Keynes UK
UKHW021148220623
423869UK00009B/88